U0891490

战略性新兴产业土地政策研究
——以湖北省为例

饶映雪　刘天乔　戴德艺　著

科　学　出　版　社
北　京

内 容 简 介

本书在剖析战略性新兴产业土地政策发展现状和研究现状的基础上，梳理战略性新兴产业发展土地政策的演变过程，深入分析战略性新兴产业土地政策的传导机制和作用机理，评析战略性新兴产业土地政策的实施效应。通过比较、借鉴国际上典型国家和地区战略性新兴产业土地政策的做法和经验，构建战略性新兴产业土地政策支撑体系，提出促进战略性新兴产业发展的土地政策建议。

本书有助于读者了解战略性新兴产业土地政策走向，可作为高等院校经济管理类相关专业师生、专业研究人员的参考资料，也可供各级领导干部、有关决策部门和产业界及社会公众参考。

图书在版编目（CIP）数据

战略性新兴产业土地政策研究：以湖北省为例 / 饶映雪，刘天乔，戴德艺著. —北京：科学出版社，2020.11

ISBN 978-7-03-059895-0

Ⅰ. ①战… Ⅱ. ①饶… ②刘… ③戴… Ⅲ. ①新兴产业-非农用地-土地政策-研究-湖北 Ⅳ. ①F321.1

中国版本图书馆 CIP 数据核字（2018）第 275148 号

责任编辑：王丹妮 / 责任校对：贾娜娜

责任印制：张 伟 / 封面设计：无极书装

科学出版社 出版

北京东黄城根北街 16 号

邮政编码：100717

http://www.sciencep.com

北京虎彩文化传播有限公司 印刷

科学出版社发行 各地新华书店经销

*

2020 年 11 月第 一 版 开本：720×1000 B5

2020 年 11 月第一次印刷 印张：9 3/4

字数：192 000

定价：98.00 元

（如有印装质量问题，我社负责调换）

目　录

第1章　导　论

1.1　战略性新兴产业土地政策发展状况

战略性产业由美国经济学家赫希曼提出，他将处在投入-产出关系中关联最密切的经济体系称为“战略部门”，“战略部门”后被用来指一国为实现产业结构的高级化目标所选定的对于国民经济发展具有重要意义的具体产业部门，包括主导产业、支柱产业、先导产业和基础产业。新兴产业是按照产业发展所处阶段，度过产业开发初期、幼年、生命危险期阶段，所生产的产品因科技发展和生产力水平的提高而在技术工艺、用途、生产方式、用料或其他方面与原有产业的产品有较大不同的产业。

国际金融危机给世界经济带来了巨大影响，各国都在寻找下一轮经济增长的动力，开始大力关注对国民经济发展和国家安全具有重大影响力的战略性新兴产业的培育。例如，美国奥巴马政府十分强调新能源、干细胞、航天航空、宽带网络的技术开发和产业发展；日本把重点放在商业航天市场、信息技术应用、新型汽车、低碳产业、医疗与护理、新能源（太阳能）等新兴行业；英国为了应对经济衰退，启动了一项批量生产电动车、混合燃料车的“绿色振兴计划”；德国政府批准了总额为 5 亿欧元的电动汽车研发计划预算；韩国制定了《新增长动力规划及发展战略》，将绿色技术、尖端产业融合、高附加值服务等 3 大领域共 17 项新兴产业确定为新增长动力。

1.1.1　中国战略性新兴产业亟待加速发展

中国战略性新兴产业的定义最早出现在政府报告中，是以重大技术突破和重大发展需求为基础，对经济社会全局和长远发展具有重大引领带动作用，知识技术密集、物质资源消耗少、成长潜力大、综合效益好的产业。其内涵在于产业的战略性和新兴性，重大技术突破是战略性新兴产业发展的基础，重大发展需求是战略性新兴产业发展的动力和条件。

从战略性新兴产业的外延来看，立足我国国情和科技、产业基础，2010 年政府工作报告把节能环保、新一代信息技术、生物、高端装备制造、新能源、新材料、新能源汽车等7个产业列为国家层面鼓励发展的战略性新兴产业。2011年，国家制定了《战略性新兴产业分类目录》，以7大战略性新兴产业为分类基础，细分出 21 个战略性新兴产业行业。2017 年 1 月 25 日，国家发展和改革委员会（简称国家发展改革委）会同科技部、工业和信息化部、财政部等有关部门根据战略性新兴产业发展新变化，编制了《战略性新兴产业重点产品和服务指导目录》（2016版），该目录涉及战略性新兴产业5大领域8个产业（相关服务业单独列出）、40 个重点方向下的 174 个子方向，近 4 000 项细分产品和服务，如表 1-1 所示。

表 1-1　战略性新兴产业分类

产业类别	行业划分	产业类别	行业划分
新一代信息技术产业	下一代网络信息产业	新能源产业	核电技术产业
	信息技术服务		风能产业
	电子核心产业		太阳能产业
	网络信息安全产品和服务		智能电网
	人工智能		其他新能源产业
高端装备制造业	航空装备产业	节能环保产业	高效节能产业
	卫星及应用产业		先进环保产业
	轨道交通装备产业		资源循环利用产业
	海洋工程装备产业	相关服务业	研发服务
	智能制造装备产业		知识产权服务
新材料产业	新型功能材料产业		检验检测服务
	先进结构材料产业		标准化服务
	高性能复合材料产业		“双创”服务
生物产业	生物医药产业		专业技术服务
	生物医学工程产业		技术推广服务
	生物农业产业		相关金融服务
	生物制造产业	数字创意产业	数字文化创意
	生物质能产业		设计服务
新能源汽车产业	新能源汽车产品		数字创意与相关产业融合应用服务
	充电、换电及加氢设施		
	生产测试设备		

1. 节能环保产业

节能即节约能源、降低能源消耗、减少污染物排放；环保即改善生态环境、保护自然资源、防治环境污染。节能环保产业是指国民经济结构中，既能有利于节约能源，又能够促进环境保护的相关技术产品的研究发明、生产流通、资源利用、信息服务、工程承包等活动的总称。

目前，各个国家对环保产业的解释各有不同。美国将其称为“环境产业”，主要包括环保服务、环保设备和环境资源三大类。日本将其称为“生态产业”，分为环境保护、环境恢复、能源供给、清洁生产、洁净产品和废弃物处理六个部分。

国际上将节能环保产业分为广义和狭义两种。狭义的节能环保产业主要指在环境污染控制和减排、事后的污染清理及废弃物处理等方面提供的产品和服务；广义的节能环保产业除了包括狭义的“终端治理”之外，还包括原材料采掘到生产、废弃物处理等各个环节的监督和治理。

2. 新一代信息技术产业

随着集成电路、现代电子、计算机、互联网等技术的广泛应用，信息通信技术迅速发展，并向其他产业广泛渗透，成为一个国家或地区经济发展水平的重要标志。我国在《中共中央关于制定国民经济和社会发展第十二个五年规划的建议》中明确了将新一代信息技术作为我国七大战略性新兴产业之一。新一代信息技术包括下一代通信网络、物联网、三网融合、新型平板显示、高性能集成电路和云计算等六个方面的高端软件研发。

3. 生物产业

生物产业是将现代生物技术和生命科学应用于生产及经济社会各领域的相关产业的统称。我国在《“十二五”国家战略性新兴产业发展规划》中将生物产业重点发展方向定为生物医药产业、生物医学工程产业、生物农业产业、生物制造产业等四个方面，并分别规划了发展路线图。

目前，以上的生物技术成果主要集中于生物医药产业，生物医药产业是生物技术应用最活跃的领域，因此，本书主要以生物医药产业为主，研究其发展状况及特征。生物医药产业是将生物技术与工程技术应用于医药产业而形成的相关产业总和，分为疫苗与诊断试剂、创新药物、现代中药、生物医学工程等类型。

4. 高端装备制造业

装备制造业是区别于一般“加工制造业”的，是为国民经济各部门进行简单再生产和扩大再生产提供生产工具的制造部门的总称。高端装备制造业指的是现代制造业的高端部分，是为国民经济各大行业提供先进技术设备的产业，具有高技术含量、高附加值和高产业链地位的装备制造业。《国务院关于加快培育和发展战略性新兴产业的决定》将高端装备制造业的重点发展方向定位为航空装备、卫星及应用、轨道交通装备、海洋工程装备、智能制造装备五大行业。工业和信息化部等部门起草的《“十二五”高端装备制造业产业发展规划》又将高端装备制造业发展方向主要定位为五个细分行业：航空、航天、高速铁路、海洋工程、智能装备。

5. 新能源产业

新能源又称非常规能源，是传统能源之外的各种能源形式，它的各种形式都是直接或间接地来自太阳或地球内部产生的热能，包括太阳能、风能、生物质能、地热能、海洋能、核能及氢能等。新能源主要指新能源和可再生能源的开发利用、新能源技术及先进能源装备、车用新能源、新能源基础设施等。

在我国，地热能、氢能、海洋能等仍处于小规模尝试阶段，而风能、太阳能、生物质能的利用范围逐渐扩大，成为我国现阶段新能源领域的主要能源。

6. 新材料产业

新材料是指新出现的具有优异性能和特殊功能的材料，或是传统材料改进后性能明显提高和产生新功能的材料，包括新型功能材料、先进结构材料、高性能复合材料等。

新材料产业是新材料本身及其相关产品和技术装备所形成的产业总称。新材料产业具有以下特征：科技含量高、附加值高；设计领域广泛，研发过程多样化、边缘化和综合性强；与其他产业的关联性强。

新材料的研发和产业化水平是衡量一国经济社会发展、科技进步和国家安全的重要标志，它同信息技术、生物技术一起成为21世纪最重要和最具发展潜力的领域。

7. 新能源汽车产业

新能源汽车概念是我国提出来的，美国称为替代能源汽车，是指采用非常规的车用燃料作为动力来源，或使用常规的车用燃料而采用新型车载动力装置，综合车辆的动力控制和驱动方面的先进技术，形成的技术原理先进、具有新技术和新结构的汽车。

随着我国成为全球第一大汽车消费国，汽车工业面临能源短缺、环境污染严重等问题，发展新能源汽车已经成为未来汽车工业可持续发展的必然选择。我国将新能源汽车作为七大战略性新兴产业之一，对其加以扶持，促进其发展。

战略性新兴产业具有如下特征：一是战略性，战略性新兴产业在区域经济中占有重要地位，可以促进地区经济增长并带动地区经济发展。二是不确定性，战略性新兴产业的不确定性是因为它的新兴性，新兴产业的技术、市场都存在较大的未知性，没有经验可以借鉴，所以发展具备风险性。三是辐射性，战略性新兴产业不仅可以促进自身发展，还可以在相关方面对其他产业进行辐射，带动产业链的上下端发展。四是地域性，由于地域位置的不同，地方的区域资源、环境、交通、科技等都不相同，各地区对战略性新兴产业的选择存在差异性。五是可持续性，战略性新兴产业具有较大的增长潜力，具有长远发展的潜质，同时还具备生态性，发展中要注重节能环保，做到可持续发展。六是动态性，战略性新兴产业的发展需要根据不同的发展阶段和周边环境变化做出及时调整。

当前，我国经济在转型升级中步入中高速发展的“新常态”，发展战略性新兴产业是促进产业转型升级、实施创新驱动战略的必然要求。李克强总理在十二届全国人大三次会议中指出，“把一批新兴产业培育成主导产业”，“推动产业结构迈向中高端”①。2013 年以来，党中央、国务院先后下发文件，对生产性服务业、科技服务业、文化创意和设计服务与相关产业融合发展、“中国制造2025”、发展信息产业新业态、“互联网+”行动计划等新产业、新业态做出了系统部署。2015 年 6 月，湖北省人民政府办公厅发布的《湖北省人民政府关于促进开发区转型升级创新发展的若干意见》中指出，着力培育智能装备、新材料、生物医药、通信导航、航天航空、新能源等新兴产业，到“十三五”末，使开发区成为引领湖北省转型升级创新发展先导区；现代制造业、高新技术产业和现代服务业等产业优化升级基地和新兴产业聚集区；环境友好型城市、循环经济发展区域试验区。2016 年 11 月 29 日，国务院印发的《“十三五”国家战略性新兴产业发展规划》中提出，要把战略性新兴产业摆在经济社会发展更加突出的位置，大力构建现代产业新体系，推动经济社会持续健康发展。

战略性新兴产业发展规模不断扩大，已取得良好的经济效益和社会效益。截至2015 年末，战略性新兴产业上市公司总市值达到 16.8 万亿元，占上市公司总体的29.6%，较 2010 年底提升 11.6 个百分点。“十二五”期间，战略性新兴产业 IPO（initial public offerings，首次公开募股）企业数量达到 357 家，占同期 IPO 企业总数的45.4%，科技成果更是不断涌现，大量的龙头企业接连涌现，预计至2020年，我国战略性新兴产业增加值占 GDP（gross domestic product，国内生产总值）比重

① 李克强. 第十二届全国人大会第三次会议政府工作报告全文. http://he.people.com.cn/n/2015/0317/c192235-24177313.html，2015-03-17.

将达到 15%[①]。当前我国战略性新兴产业发展情况呈现出产业规模增长快、创新活跃、产业水平迈向中高端水平、整体效益优的特点，其在很大程度上代表了世界先进科学技术发展的方向，具备广阔的市场前景，能有力拉动上下游产业链的延伸并带动相关产业发展。

1.1.2 土地资源短缺严重制约战略性新兴产业发展

土地是战略性新兴产业发展的基本载体和生产要素。战略性新兴产业涉及行业众多，新业态、新模式不断涌现，其发展必然要“落地生根”。与传统产业相比，战略性新兴产业用地呈现出新特点：一是新兴产业用地急剧增加，存在严重短缺；二是用地布局以园区集中模式为主，且普遍呈现出“产学研”密切合作、高度融合的特点；三是研发、制造、服务活动融合度高，多种用地类型混合，功能密不可分；四是以研发、高技术服务为主要工作内容的高端技术型人才，对工作环境要求多元化、个性化特征明显；五是新产业、新业态中的中小微企业多，一般需要经历“研发—孵化—产业化”的过程，用地期限存在不确定性；六是新产业、新业态中的企业和项目，在不同发展时期，用地规模大小不一，阶段性特征明显。基于以上特点，如何破解土地瓶颈制约，是促进战略性新兴产业发展亟待解决的问题。

用地布局也对战略性新兴产业发展具有较大的影响作用。现阶段，技术、人才、经济发展水平及资源决定着战略性新兴产业的空间分布，大型国有企业和领军企业主导了战略性新兴产业的发展，经济发达地区战略性新兴产业分布差异较小，欠发达地区战略性新兴产业分布差异较大。我国的战略性新兴产业分布很不均衡，主要集中在环渤海地区、长江三角洲地区、珠江三角洲地区，中部地区、西部地区、东北地区分布着少数战略性新兴产业。东部地区特别是环渤海地区、珠江三角洲地区、长江三角洲地区由于资金充足、人才资源丰富、技术密集程度高，其战略性新兴产业发展规模较大且行业优势明显；中部地区和西部地区战略性新兴产业在发展规模和程度上相当，但由于我国西部大开发战略的扶持，西部地区略好于中部地区；东北地区老工业分布密集，在发展战略性新兴产业时面临着如何解决新旧产业交替的困难，因而东北地区战略性新兴产业发展规模最小，发展规模也相对滞后。

1.1.3 土地政策是促进战略性新兴产业发展的重要调控手段

自 2004 年前后土地政策被赋予参与我国宏观调控的神圣使命以来，已在促

① 数据来源于国家发展改革委同国家信息中心设计开发的“战略性新兴产业 A 股上市公司统计数据库”。

进产业转型升级和引导产业集聚发展方面发挥了不可替代的重要作用。与财政政策和货币政策相比，土地政策在促进战略性新兴产业发展中虽然存在自身的不足，但也具有其独特的优势（表 1-2），主要表现在：可以通过土地利用规划，引导产业合理布局，完善基础设施，创造良好的硬件环境；通过土地供给调节，支持新兴产业的发展，可以同时实现产业结构合理化和资源高效利用的目标，有利于推进经济增长方式的转变；通过对用地的评估监督，提高用地效率，淘汰劣势企业，保持产业活力。因此，中央和地方开始通过土地政策创新支持战略性新兴产业发展。

表 1-2　不同政策工具促进战略性新兴产业发展的作用路径、优势和劣势

政策类型	作用路径	优势	劣势
土地政策	土地规划、供地政策、土地税收、土地监管	引导产业布局，对企业的准入和退出有显著作用，并可提高资源利用效率	对人才引进和科技创新作用有限
财政政策	财政投资、财政补贴、税收政策	有利于实现产业结构调整、人才引进、技术改革及成果转化目标	在限制和淘汰某些产业时作用有限
货币政策	政策性贷款、投资基金、利率调节、融资政策	为新兴产业创造更为宽松的投资和融资环境，有利于企业的成长	产业结构调整效应不明显，实施差别化政策难度大，对限制和淘汰某些企业作用有限

2015年9月18日，国土资源部（现为自然资源部）联合国家发展改革委、科技部、工业和信息化部、住房和城乡建设部、商务部印发了《国土资源部 发展改革委 科技部 工业和信息化部 住房城乡建设部 商务部关于支持新产业新业态发展促进大众创业万众创新用地的意见》。2016 年 10 月 28 日，国土资源部出台了《产业用地政策实施工作指引》，系统梳理了各项支持新经济、新产业、新业态、新模式发展的用地政策，为新产业用地提供了“政策工具包”和“使用说明书”，为战略性新兴产业发展提供了更好的土地政策支持。

产业用地政策是国土资源主管部门认识新常态、适应新常态、引领新常态的主动作为；是优化土地资源配置，推动大众创业、万众创新，释放新需求、创造新供给，推动新产业、新业态蓬勃发展的重要动力；是认真履行国土资源职责新定位，以土地利用方式转变促进经济发展方式转变和结构优化的重大举措。实践中，广东、上海、杭州等地也在新兴产业的土地供应、地价优惠、简化用地手续等方面出台了一系列政策。

充分发挥土地政策创新及组合运用对引导、调节和保障战略性新兴产业发展具有明显的支撑意义，也是地方政府摆脱“土地财政依赖”困局的重要出路。加快培育和发展战略性新兴产业，是推进产业结构优化升级、加快转变经济发展方式的重大举措，是支撑湖北省跨越式发展、体现中部地区崛起战略支点作用的必然选择，也是抢占经济科技制高点、构筑发展新优势的迫切需要。

从土地资源优化配置与战略性新兴产业发展的互动角度出发，制定相应土地支撑政策，能促进战略性新兴产业的发展壮大。战略性新兴产业用地政策涉及土地规划、土地开发、土地供应与利用审批、土地使用监管、用地清退与存量建设用地整理等环节，进一步延伸，还涉及地价测算、税收等经济杠杆，是以土地为载体或切入点的一系列管控工具的集成，基本覆盖产业引进、发展、运行及退出等各环节。

从土地资源配置角度出发，促进战略性新兴产业发展就是依据规划，优化、整合土地空间布局结构，培育对经济社会全局和长远发展具有引领带动作用的产业。

因此，如何通过土地政策推动战略性新兴产业发展是新形势下学术界和社会关注的热点问题。

1.2 战略性新兴产业土地政策研究状况

1.2.1 国外相关研究

1. 土地利用与产业发展关系研究

土地利用研究可追溯到德国经济学家杜能在19世纪前期对德国南部地区的研究，他提出了农业产区区位理论和土地利用模式。土地利用研究从早期的强调功能、追求理想城市形态的城市规划理念，到20世纪90年代具有了新的含义，不仅研究土地利用的数量、状态与利用方式，而且将土地利用研究作为全球变化研究领域的一个重要组成部分。

西方经济学中有大量研究土地要素对于产业经济增长的重要性的成果和思想。18世纪以来，随着资本主义经济的发展，以亚当·斯密、大卫·李嘉图、弗朗斯瓦·魁奈、卡尔·马克思、约翰·凯恩斯等为代表的经济学家对土地资源、经济发展做出一系列的革命性研究，他们的思想成为支撑现代经济学的基石。

例如，以英国经济学家亚当·斯密、大卫·李嘉图为代表的古典学派认为，由于边际报酬递减规律的作用，总量固定不变的土地是制约经济增长的关键因素。亚当·斯密、大卫·李嘉图等著名的经济学鼻祖对地租与财富的关系进行了革命性的研究，对于后世的研究具有奠基性的作用。也有一些实证研究探讨固定不变的土地要素对经济增长制约程度的大小，如1979年，美国诺贝尔经济学奖得主舒尔茨（2017）提出了现代人力资本理论，认为经济发展更要注重对人力资本和技术发展的投资，从而减少对包括土地资源在内的稀缺资源的依赖程度；野口悠纪雄

（1997）在剖析日本经济高速增长机理时，认为经济增长和快速城市化对土地价格、利用方式和利用效率产生深远影响，政府应采取适度干预的土地政策稳定地价，促进土地高效利用。

21 世纪以来，国外学者对土地结构和产业经济发展的关系有了更深入的考察和更丰富的研究成果。Lindelöf 和 Löfsten（2003）认为，提高科技园区土地利用率、加快园区建设有助于形成产业集群效应。Firman（2004）对印度尼西亚产业转型过程中的城市土地利用进行充分研究，认为地方政府应该全面提升土地管理水平，土地开发许可证、土地利用计划、土地税收工具等都是有效的管理手段。Wu 等（2011）模拟了四种不同的产业发展政策方案对土地利用的影响，指出政府可以通过调整政策来控制土地利用变化的速度和城市布局。Liu 等（2014）分析了新兴创意产业之间相互作用、联系机制在城市土地利用格局中的表征与规律，构建模拟创意产业之间相互作用的仿真模型，指出创新土地政策有助于产业集群发展。Debolini 等（2015）在摩洛哥的城市实证研究中，阐述了城市—乡村边缘的土地利用竞争是产业竞争在空间上的基本表现，产业发展是土地利用的基本动力。

2. 政府土地管理行为研究

土地管理中的政府行为主要体现在对土地规划政策的制定和执行、土地出让规模的控制、土地利用、分享土地出让收益等方面。

关于政府对土地规划政策的制定与执行，Crecine（1967）、Peterson（1974）、Stull（1975）、Daniel 和 John（1991）、Hafiz（1992）分别对规划存在的理由、规划的内生性与外生性等进行探讨。Davis（1963）、Rolleston（1987）、Wallace（1988）分别对政府规划政策的决定因素、决策过程等问题进行深入细致的研究。

Razin（1998）认为，由于分税制和分权制的存在，以色列采用土地规划法令抑制城市扩张的做法收效甚微，应通过改变地方政府的财政税收体制提高地方政府对保护公共空间的兴趣。Evans（1999）分析了政府土地市场干预的两种方式：一种是控制开发型，如分区制和增长管理；另一种是增加土地供给，如强制性征地或对土地权属进行再分配。Wang（2002）归纳并分析当今发达市场经济国家干预土地市场的主要方法及理念，如土地规划、土地的可持续利用、城市更新、新城市主义、精明增长等。

Valk（2002）认为，荷兰的空间规划制度（spatial planning system）作为实体规划法案的重要组成，是农地非农化制度的基础，空间规划分为国土规划、省级规划和市级规划三个土地利用规划层级。在制度上，市级规划服从省级规划，省级规划服从国土规划，市级规划的制定需要省级政府和中央政府审批。在实际操作中，市级政府拥有耕地非农化的决定权，市级规划一旦批准，任何级别的政府都不能随意改动。Bruns 和 Schmidt（1997）、Magel（1983）指出，德国制定土地利用规划的目的是实现人类社会和自然环境的协调、实现城乡统筹发展、提高逐步分权的管理机制的效率。Cheshirea 和 Sheppard（2002）对英国土地利用规划的收益和成本进行实证研究，重点探究土地利用规划的总收益和净收益在收入群体中的分配，结果表明土地利用规划在福利及福利分配上的影响比较大。

Bengston 和 Fletcher（2004）研究了美国城市经济增长管理的政策工具，重点分析公共征地政策、管制性政策和激励性政策，并对经验教训进行总结：一是政策实证调查的缺乏；二是政策执行的低效率；三是纵向和横向的协调不足；四是利益相关者参与规划的不充分。Vlist（2006）、Vink 和 Burg（2006）、Needham（2007）强调荷兰土地利用中公众参与的重要性。他们认为所有级别的土地规划都需要公众参与，所有级别的政府和所有利益相关者都需参与到土地规划的制定中，全部的规划信息在设计、批准和实行阶段都应对所有利益相关者公开，这种规定使“从下往上”式的规划在执行中基本上没有出现违反规划的现象。

关于政府对土地利用的干预，Fellman（1955）从城市用地规模外延扩展机制的角度研究政府行为对城市土地规模的控制作用。Bryant 和 Russwurm（1982）从政府对城市用地规模控制的一般原则、途径等方面进行理论上的探讨。Gengaje 和 Sterry（1992）以印度马哈拉施特拉邦（Maharashtra）城郊为例进行实证分析，提出发展中国家政府在农地非农化过程中控制城市用地规模外延扩张的对策建议。

Repetti 和 Desthieux（2006）从城市的可持续发展出发，构建了城市土地利用规划和管理的关系指数设置模型（relational indicator set model，RIM），并介绍了该模型的方法及应用，突出土地审计和监督在土地利用和管理中的重要性。Lloyd 和 Peel（2007）认为，土地政策的设计应考虑可行的实践机制，并具有一致性、敏感性、灵活性、创新性及决策过程透明性等特征，能够提高政府土地管理的绩效。Cocklin 等（2007）研究了公共政策与私人土地所有者之间的关系，认为政策工具的设计应基于土地所有者对政策工具的观点和意愿，据此将土地工具排序为：自愿支持型工具；基于市场的工具；命令、控制工具。

Feiock 等（2008）通过概率模型的最大似然法得出，城市经济增长管理方案的采纳及土地利用政策工具的选择是多方利益均衡的结果，其中包含地方政治体制、社区偏好及地方组织的利益，故而强调公共政策调控目标的多维。Macedo（2008）从合法性的角度研究巴西的城市土地政策和土地产权范式，指出土地管理应关注弱势群体利益保护。Kala（2010）揭示了印度政府对土地市场实施的强有力的管制措施，指出印度政府强有力的土地干预政策对城市架构的塑造、房屋面积和经济适用房的购买产生了负面影响，但是对印度城市郊区人口的就业并未产生显著的影响。Landry（2010）研究认为，公共部门通过土地利用干预政策的实施可以有效地影响城市的发展规模和速度，其中城市土地利用管制对城市绿地覆盖率有着重要的影响。他构建了一套分析模型，尝试通过土地利用干预制度构建来引导城市绿化建设，以达到促进社会公共利益和城市可持续发展的目的。

在政府分享土地收益方面，Aaron（1975）、Skouras（1978）、Yukio（1982）、Jarchow（1984）、野口悠纪雄（1997）等研究了税收与政府城市土地利用效率的关系。Devy（1999）、Dransfeld（2001）认为，德国农地的所有者可以获得增值收益的绝大部分，地方政府主要通过两种方式分享增值收益：一种是直接和土地所有者签署协议让他们对后期土地开发支付一定的投入；另一种是通过对改变土地用途或土地增值收益征税的方式分享收益。

3. 战略性新兴产业政策研究

对产业发展的研究可追溯到威廉·配第（Willian Petty）三次产业的划分，他最早研究了产业结构理论。亚当·斯密在经典巨著《国富论》里提出产业发展的前提条件是劳动分工。雷蒙德·弗农（Raymond Vernon）提出了产业发展的生命周期理论。

如果严格使用“战略性新兴产业”一词，国际上其实没有该词的通用描述，国外的文献比较多地使用“新兴产业”一词。新兴产业都是相对于传统产业而言的，在不同的产业阶段都会有新兴产业出现，其研究理论和政策也对目前我国的战略性新兴产业具有理论参考和实践意义。

20 世纪中后期，越来越多的学者开始思考、分析新兴产业的发展机理和思路。著名的两大理论如下：一是TFP（total factor productivity，全要素生产率）理论。20 世纪 50 年代中期，诺贝尔经济学奖获得者罗伯特·M. 索洛提出了具有规模报酬不变特性的总量生产函数和增长方程，形成了现在通常所说的 TFP 理论，并认为它是因技术进步而产生的。二是新经济增长理论。20 世纪 80 年代中期，罗默、卢卡斯等经济学家开始给予经济增长新的理论基础，强调经济增长不是因为外部力量的推动而是因为经济体系内部力量的推动，而内生的技术变化更是推动经济增长的主要力量。新经济增长理论认为，仅有资本的不断投入和劳动力的持续增加，经济不一定能实现持续增长。因此，虽然我们不确定技术创新尤其是重大的技术突破的出现时间和概率，但技术水平的整体增长同资源投入是成正比的；技术进步可以提高投资的回报率，具有递增的边际生产率。TFP 理论和新经济增长理论都强调了技术进步在经济增长中的作用和意义，而战略性新兴产业一般都是技术、知识密集型产业，因此这两个理论为新兴产业的发展提供了基本的理论基础。

与战略性新兴产业发展战略相关的国外理论还包括波特的钻石模型理论、熊彼特的创新理论、罗斯托的主导部门理论、克拉克的产业结构理论、库兹涅茨的产业结构演进理论等。在这些理论的基础上，国外学者的研究主要集中在两个方面，一是关于战略性新兴产业发展的选择与演进，二是关于战略性新兴产业集群发展的研究。

在战略性新兴产业集群发展的研究这一领域，对科技园区的研究较为集中。Malecki（1987）概括了科技园区特殊区位带来的资源条件，包括作为新技术开发活动的研究与开发机构；具有高素质熟练的劳动力；政府对新公司研究与开发活动的支持；具有空间差异的风险资本；具有刺激和鼓励企业家创业的环境；具有廉价的房地产市场。Braun 和 Mchone（1992）对美国佛罗里达州科技园内的高新技术企业和其他区域的高新技术企业进行比较研究，发现科技园内企业获得了科技园的资源支持，并在运行中表现出特殊性。二者的研究都表明地域不同和功能定位不同的科技园区在资源禀赋方面存在差异。

Mian（1994）用功能分析方法研究科技园的分类问题。他从层次分析和产业链条角度将功能划分为显性功能和隐性功能，前者是指那些直接对系统产生明显效果的功能，后者是指对系统产生间接或潜在作用的功能。现代科技园区可分为五类：综合功能型科技园、基础研究型科技园、技术研发型科技园、高技术产品加工区及孵化器。

Koh 等（2003）认为，不同地域的科技园区具有地域政策差异，包括科技投入政策、产业倾斜政策、“产学研”合作政策和发展中介组织政策。地域和功能定位不同的科技园区应该提供差异性的政策。

Fukugawa（2006a）将企业入驻科技园的动机归纳为四点，包括为了获得市场进入而得到生存和发展的机会、方便建立与大学和科研机构的联系、改善企业的研发技术环境、借助科技园使得企业获得声誉，扩大企业的知名度和影响力，获得更多的创新机会和创新渠道。他指出，正是企业这些入驻动机的存在，才使得科技园区管理机构的招商服务显得尤为重要。

部分学者从土地规划角度对战略性新兴产业进行研究。Fukugawa（2006b）认为，科技园良好的地理位置能使企业获得更多的创新机会和创新渠道，从而吸引更多企业入驻科技园。Igal（2015）通过实证研究评价了产业对城市土地集约利用的影响，认为通过规划布局使科技企业形成有效集聚，才能实现区域创新功能。科技园的地理位置优势与园内企业的发展呈负相关关系，这种优势不明显，甚至可能产生某种局限性，城市规划和管理者通过实施产业用地类型管控政策，能够有效地促进城市改造与战略性新兴产业发展。

1.2.2 国内相关研究

1. 战略性新兴产业内涵研究

战略性新兴产业是“后危机时代”出现于我国产业政策中的一个新概念，学术界对此尚未有清晰、明确的权威性定义。自2009年国务院提出发展战略性新兴产业以来，围绕其内涵、选择、培育及发展等方面，我国理论界出现了战略性新兴产业的研究热潮。其中，关于战略性新兴产业的概念，可谓众说纷纭。通过综合分析大量文献，将其归纳为如下三类。

（1）强调战略性新兴产业的“新兴性”。赵刚等（2010）认为，互联网、绿色能源等新技术的广泛应用催生出了一大批不同于以往的产业，这些产业的成长潜力大，能够在未来很长一段时间内持续推动经济发展。

（2）突出战略性新兴产业的“战略性”，即对国民经济的长远作用和全局作用。万钢（2010）认为战略性新兴产业与传统产业是两个不同的概念，主要体现在以下两个方面：第一，战略性新兴产业在经济发展过程中具有重要地位，能够有效促进科技发展，提高经济水平；第二，这些产业必须具有能够成为一个国家未来经济发展主导产业的特性，着眼于未来。

（3）强调战略性新兴产业的双重特质。华文（2010）认为，战略性新兴产业必须是新生的产业，其所占的经济比重较小。另外，技术也是相对前沿的技术，对其他产业的辐射和带动作用很强，具有重要的战略意义。陈柳钦（2011）认为，战略性新兴产业在科技创新的基础上，以新业态和新模式为突破口，培育全新的消费市场，推动经济发展和产业结构优化升级，是对提高国家竞争力水平具有深远意义的优势产业。李勃昕和惠宁（2013）认为，战略性新兴产业是由于技术创新、产业结构升级或产业链延伸而形成的一些战略主导性强、发展潜力大的新兴科技型产业集合，具有战略性和新兴性的双重属性。与传统产业相比，战略性新兴产业具有以下基本性质：一是科技创新性显著，即技术创新是战略性新兴产业的根本；二是产业主导性强、带动效应广，产业发展战略意义明显；三是产业发展还处于孕育期或发展初期，发展潜力大，产业发展具有显著的新兴性特征。

战略性新兴产业具有全局性、长远性、导向性和动态性的特征（欧阳峣和生延超，2010）。全局性指战略性新兴产业发展优势明显，占国民经济比重较大，对经济增长和社会发展有重要意义，关系到国家战略安全，能够有效提升国家综合国力，有成为国家或地区的主导性产业和支柱性产业的趋势（乔玉婷和曾立，2011）。长远性指战略性新兴产业发展着眼于未来，在产品研发、市场开拓、就业吸纳、生产效率、技术创新等方面具有巨大的增长潜力，潜在市场需求不断增长，产品销售具有广阔的市场发展前景，并且这种增长潜力在国家经济增长过程中具有长期性和可持续性（王镝和黄成明，2010；陈锦其和徐明华，2013）。导向性指战略性新兴产业发展方向是国家或地区产业发展和经济增长的指向标，代表国家政策倾斜和未来经济发展的重心，是引发金融支撑、政策扶持、技术投入、人才集聚的向心力，是产业结构升级和经济发展方式转变的载体（王忠宏和石光，2010）。动态性指战略性新兴产业发展是一个多因素影响的动态过程（汪海粟等，2012）。在发展过程中，战略性新兴产业一方面受到内部因素和外部因素的双重影响，这些因素间的相互影响推动了系统动态发展；另一方面，战略性新兴产业发展给上下游关联产业和经济环境带来重要影响，产业的优势在发展过程中逐渐体现（范鹏飞等，2011；肖曙光，2011）。

从战略性新兴产业的外延来看，2010 年政府工作报告把新能源产业、新材料产业、节能环保产业、生物医药产业、新一代信息产业、高端装备制造业、新能源汽车产业列为国家层面鼓励发展的战略性新兴产业。2011 年，国家制定了《战略性新兴产业分类目录》，以 7 大战略性新兴产业为分类基础，细分出 21 个战略性新兴产业行业。

2008 年国际金融危机以来，世界各国政府都在致力于经济复苏和经济结构转型，纷纷制定新的国家发展战略，通过提高科技投入和强化产业引导，培育和发展战略性新兴产业，以求在国际竞争中立于不败之地。面对这一发展趋势，我国政府也积极采取策略。2010 年和 2012 年我国相继颁布实施了《国务院关于加快培育和发展战略性新兴产业的决定》和《“十二五”国家战略性新兴产业发展规划》，明确了我国战略性新兴产业发展的战略定位、目标任务、重点领域和政策措施。2016 年，国务院发布《国务院关于印发“十三五”国家战略性新兴产业发展规划的通知》，提出战略性新兴产业代表新一轮科技革命和产业变革的方向，是培育发展新动能、获取未来竞争新优势的关键领域。“十三五”时期，要把战略性新兴产业摆在经济社会发展更加突出的位置，大力构建现代产业新体系，推动经济社会持续健康发展。

在传统产业与战略性新兴产业发展的关系方面，辜胜阻（2011）认为，我国在工业化尚未完成时更需要把传统产业高新化放在首位；郭连强（2011）从传统产业和战略性新兴产业的共性角度，阐述传统产业如何通过改造升级成为战略性新兴产业；刘洪昌（2011）认为，要将两者有机结合起来，使之形成系统合力，促进形成有效衔接、相互促进、共同发展的良好局面。

2. 战略性新兴产业的影响因素研究

在战略性新兴产业的影响因素方面，经济学界专家和学者也提出了各自不同的观点。贾剑锋（2011）通过对沈阳市战略性新兴产业的形成发展动力与主要影响因素的案例进行分析，认为市场需求推动力、科技创新拉动力、资源优势支撑力和产业政策促使力四大合力的推动使沈阳市战略性新兴产业得以形成和发展，因此沈阳市战略性新兴产业的培育必须综合考虑科技基础实力、市场环境、政府引导、资金投入、金融支持及产业自身发展等方面因素的影响。黄幸婷和杨煌（2010）指出，科技创新的掌握与应用是战略性新兴产业发展的关键因素。姜大鹏和顾新（2010）分析认为，科技创新可以推动产业发展，因此，他们提出以产业创新联盟来推动发展战略性新兴产业的对策建议。牛立超（2011）分析指出，战略性新兴产业需要资本投入与健全的金融机制作为基础保障，同时还受到主导产业变迁因素的影响。

有的学者从市场角度分析战略性新兴产业的影响因素。王新新（2011）认为，战略性新兴产业的形成和发展应当以市场为导向，一切以市场需求为原则。陈锦其和徐明华（2013）从发展历史角度分析，认为战略性新兴产业的发展是建立在市场需求的基础之上的；从发展趋势分析，又指出战略性新兴产业由科技与市场的双向互动融合产生，战略性新兴产业既代表市场需求方向，又代表科技创新方向。

有的学者认为体制机制和政策是战略性新兴产业的重要影响因素。姜大鹏和顾新（2010）通过研究指出，企业规模是影响战略性新兴产业的因素之一，同时，发展战略性新兴产业还需要实行有效的人才培养机制并同时完善风险投资机制。姜江（2010）研究认为，强调体制机制改革是发展战略性新兴产业的重要着力点，同时加强国际合作也是非常必要的。张嵎喆和王俊沣（2011）通过研究指出，影响战略性新兴产业的政策因素包括投融资政策、市场培育政策、产业技术政策、税收政策、国际合作政策、专项政策等，并分别对各部委制定和出台的各项支持战略性新兴产业的相关政策进行了总结和评价。张洁（2013）对河北省战略性新兴产业发展状况、科技人才资源和科技财力资源状况及科技政策的状况进行了分析，并与全国其他省（区、市）相比较，在此基础上指出战略性新兴产业在科技人才和资金投入上的不足，并且提出了河北省战略性新兴产业发展的四项科技政策建议和四项配套措施。马顺（2012）指出外部性理论、市场失灵理论、幼稚产业保护理论是财政政策促进战略性新兴产业发展的理论基石。他指出，财政支出政策和财政收入政策应分别发挥内在助推和外在牵引作用来引导战略性新兴产业发展。他还指出，我国战略性新兴产业发展取得了一定的成就，但在财政投入力度、政府采购政策、税收政策方面不尽如人意，并提出了进一步促进我国战略性新兴产业发展的财政政策建议。李方旺（2015）在对典型发达国家和典型发展中国家战略性新兴产业财政政策进行比较考察和对财政政策促进战略性新兴产业发展的作用机理进行分析的基础上，提出了我国战略性新兴产业财政政策评价模型的构建与效率测算，并对构建我国战略性新兴产业财政政策体系提出建议。

一些学者从其他研究角度来探讨战略性新兴产业的影响因素。刘名远（2012）在探讨我国战略性新兴产业发展状况的基础上，按照产业竞争优势的要求构建了钻石理论模型，分别从产业体系、政策扶持、服务平台等方面构建了我国战略性新兴产业的支撑体系。他分析指出，首先，战略性新兴产业的形成有其内在规律，技术突破是内生动力；其次，战略性新兴产业有自身的生命周期，其成长过程一般分为形成、发展、成熟、衰退等四个阶段，当时战略性新兴产业处于形成期，在这个阶段，产业技术尚不成熟，需要在不断试验纠错中渐变突破前行，于是产业也沿着自身的发展路径不断前行。杨英和张浩良（2012）通过对广东省的分析，认为由于科技资源、市场条件、现有产业基础等条件差异，广东省发展战略性新兴产业应当因地制宜，打造当地经济发展的新增长极。

部分学者用产业生命周期理论解释战略性新兴产业受到产业发展因素的影响。刘红玉等（2012）分析指出，战略性新兴产业的形成与发展是内因与外因共同推动作用的结果，即其是由自身逻辑演变与社会形塑互动作用产生的。也就是说，战略性新兴产业发展既受到自身生命周期演变的规律特征（如产业基础、资源禀赋等基本前提）影响，又离不开外在的市场需求、科技创新与社会的良性互动作用。战略性新兴产业在萌芽阶段需要政府的宏观引导；战略性新兴产业在形成阶段需要政府政策与市场的联合推动；而在成熟阶段，战略性新兴产业必须通过自身的发展形成产业集群效应，这时发挥市场作用是必要的。李勃昕和惠宁（2013）选取自然资源禀赋条件、科研创新能力、产业基础水平、市场需求潜力、政策保障力度 5 个维度的 10 项指标建立地方战略性新兴产业选择评价指标体系，以熵值法计算各项指标权重，构建基于灰度关联理论的地方战略性新兴产业选择评价模型，结果表明，要培育新能源汽车产业，必须将产业发展条件与现实基础的耦合情况作为产业选择的根本出发点，站在国家层面进行合理布局，并充分利用产业链的纵深度。

3. 战略性新兴产业的发展政策研究

在战略性新兴产业发展方面，肖兴志（2011）从我国发展战略性新兴产业的优势、劣势和形成路径入手，分析考察了我国发展战略性新兴产业的客观基础和路径，并梳理了战略性新兴产业发展中的政府和市场关系，设计了扶持战略性新兴产业发展的较完整的框架。付广军（2011）在《税收与战略性新兴产业》一书中，以我国特定省（区、市）和特定产业为例，总结了税收扶持战略性新兴产业的状况，并提出了政策建议，丰富了税收扶持政策理论。牛立超（2011）从战略性新兴产业的行业发展状况、产业变迁、区域布局、金融政策等多角度进行分析，在当时刚刚提出发展我国战略性新兴产业策略的背景下具有重要意义。蔡德发（2012）以黑龙江省产业升级为视角，研究了战略性新兴产业税收激励政策，并提出了具有针对性的税收政策框架。熊勇清和李世才（2010）构建了战略性新兴产业与传统产业耦合发展模型，对我国传统产业未充分发展条件下如何发展战略性新兴产业提出了新的思路和见解。

在培育和发展战略性新兴产业的条件方面，万钢（2010）强调科技创新是关键要素；钟清流（2010）指出应当找准方向以激活创新动力、掌握核心技术和创造成长条件；李朴民（2010）认为各地区在战略性新兴产业具体实施过程中应充分考虑自身现有的经济基础和已有的产业结构特点，选择本地区最有基础、最具优势条件、能率先突破的产业发展；张和平（2010）认为，产业基础、技术基础、资源条件和政策环境等是我国发展战略性新兴产业不可缺少的条件。

4. 促进战略性新兴产业发展的土地政策研究

随着我国战略性新兴产业发展的实践和理论研究的深入，相关学者构建了关于培育和发展战略性新兴产业的理论框架，并且越来越多的学者认识到发展战略性新兴产业是我国产业结构升级的方向（肖兴志，2011）。在经济发展受到土地资源短缺严重制约的背景下，战略性新兴产业用地存在的问题日益暴露，针对战略性新兴产业土地利用的研究逐渐丰富。

一些学者意识到土地政策在促进战略性新兴产业发展中的重要作用。马立行（2010）认为，我国许多地方都在大力推进现代服务业发展和服务业型经济结构建设，这需要有相应的发展空间载体，即土地资源的支撑。然而，由于传统产业发展政策、土地管理政策在产业发展支持上的倾斜，服务业在拥有土地资源方面先天不足；工业用地占用过多，既加剧了土地资源的紧张，又挤占了服务业发展用地需求，导致产业发展环境恶化。随着产业发展出现融合趋势，土地政策尤其是土地用地性质政策面临难题，亟待调整，应当在服务业用地规划、用地指标方面优先考虑、倾斜支持。

卢为民等（卢为民，2008；卢为民和马祖琦，2011）认为，土地政策促进产业结构调整的理论依据可以用机会成本来解释，土地政策对产业结构的引导主要表现在对产业用地的约束方面。为了最大限度地提高土地的利用效益，关键是要不断优化用地结构，即不断淘汰单位土地上效益低、落后的产业，而更换为效益高、先进的产业，尽量减少机会成本的损失。在分析了新加坡促进产业转型升级的土地政策后，他们还指出了土地政策在促进新兴产业发展中的应用途径。土地政策作为一项新的调控手段，为了更好地发挥在产业结构调整中的引导作用，应重点从以下两个方面加以完善：一是对于新建项目，土地政策要把好准入关，提高引进项目的档次，促进产业结构优化升级；二是对于已建项目，重点要加强对落后产业项目的淘汰，努力实现土地利用结构和产业结构调整的良性互动。

张杰（2011）认为，应进一步转变经济发展方式，通过充分发挥土地政策的宏观调控作用来促进我国产业结构升级，这是21世纪我国土地资源战略管理工作的重点。以土地政策促进产业结构调整，要从协调土地供需矛盾入手，以总量控制和结构调控为重点，通过实施必要的政策工具，以土地利用结构的调整和优化推动产业结构的调整、升级和优化。

于良（2011）指出，土地限制成为高新技术产业开发区发展的瓶颈，严重制约着高新技术产业开发区的数量扩张、质量提升和发展方向。为解决高新技术产业开发区发展的土地限制，他建议通过土地置换、适当扩区、在新批准的高新技术产业开发区运用新体制并加大管理力度来解决高新技术产业开发区发展面临的土地限制问题。

孙宇杰等（2012）对新兴产业用地的供需和布局等进行了分析，提出土地政策对于发展新兴产业、促进产业结构调整优化的作用主要体现在导向、调节和保障方面。他还认为新兴产业是新的经济增长点，是未来经济社会发展的主导力量，应制订推进新兴产业发展的战略计划，同时用地指标向高新技术产业、优势新兴产业倾斜，大力促进工业产业结构优化升级，保障企业发展用地需求。

孙继伟和巫景飞（2010）、路振华和张军连（2013）认为战略性新兴产业内部产业用地与非产业用地混合的情况普遍存在，增加了土地管理的难度。冯经明（2013）在对上海市土地管理制度进行创新与探索的基础上，指出要以创新节约、集约用地制度为重点，着力促进产业转型升级和地区功能提升。

张宇等（2015）结合战略性新兴产业发展特点，提出了战略性新兴产业对土地管理创新的要求——土地用途混合性、土地规划先导性和土地出让指向性，并且从土地资源优化配置角度出发，提出要从规划体系、土地供应体系、土地利用分类体系、产业用地评价体系等方面入手构建基于战略性新兴产业发展要求的土地制度创新支撑体系。

部分学者从土地要素供给的视角分析战略性新兴产业的用地问题。杨雪锋和史晋川（2010）将“地根经济论”与土地“三位一体”属性相结合，分析金融危机背景下土地宏观调控的作用机理，认为土地足量供给是保证战略性新兴产业发展的基础。

于良（2011）分析了高新区发展中的土地使用情况，认为出于土地清理与更新、高新区面积扩大等原因，高新区发展面临土地管理难题，应通过土地置换、适当扩区、加大管理力度等手段解决高新区发展面临的土地限制问题。

施玉麒（2012）、石忆邵和吴婕（2013）分别考察了北京、上海、广州三市的科技服务业用地规模和结构，指出要促进科技服务业用地规模和结构优化及效益提升，应当关注土地或房产资源的节约与集约利用，注重提升其效益，而不是盲目地扩张其规模，导致土地、房屋资源及其他物质资源的过度浪费。

高向军等（2012）通过对上海、浙江、福建的调研，分析了促进产业转型升级的土地政策的实施情况与存在的问题。从总体来看，上海、浙江、福建的用地政策在供应和后续优化环节上已有相应的政策设计，在促进产业转型升级上也体现了一定的绩效，但仍存在政策本质上的缺陷和政策执行的问题。促进产业转型升级的用地政策的创新思路可以从细化供应环节的差别化管理、重视过程管理、强化市场手段和注重在日常管理中培育土地政策的长效机制四个方面进行。

杨震宁和陈昊（2012）通过对国内外科技园区的历史进行梳理和比较，提出关于我国科技园区的四个命题：对地域和功能定位不同的科技园区应该提供差异性的区域政策；地域和功能定位不同的科技园区应具有差异性的资源禀赋；不同类型、不同地区的科技园区招商服务功能是趋同的；地域和功能定位不同的科技园区应制定不同的区域政策，利用差异性资源禀赋，采取招商服务措施提升企业入驻动机。在此基础上，他们得出结论：政府应重视不同功能和不同地理分布的科技园区在土地政策上的差异，积极吸引企业入驻科技园区，促进产业发展。

部分学者从土地规划角度对战略性新兴产业进行研究，提出了理论、方法及思路，探索了多种实践案例。钟书华（2004）对科技园区的土地利用情况进行了考察，认为政府对科技园区建设应持积极态度，并在土地分配方面给予优惠。

郑延敏和叶昌东（2012）对广东省内新兴产业园区进行分析，指出外围圈层产业园区和核心圈层产业园区在土地集约化利用上存在差别，主要体现在核心圈层产业园区在产业结构上表现出大型企业主导的专业化发展特征，外围圈层产业园区表现出中小型企业主导的多样化发展特征；核心圈层产业园区的经济增长模式表现出重大项目带动的特征，外围圈层产业园区表现出基础设施驱动的特征；核心圈层产业园区土地开发效益表现出高投入、高产出、高回报的特点，外围圈层产业园区表现出低投入、低产出、低回报的特点。对此，他们认为应统筹区域经济发展，从全局出发合理引导产业布局，控制土地开发强度，提高土地集约化水平。

朱绪荣等（2013）提出现代农业示范园区的总体规划建议。杜兴益（2015）在对贵州省平塘县白龙现代高效农业示范园区进行考察的基础上，提出推进农业园区建设要以土地流转为依托。杨萍等（2015）认为，土地高效利用是突破农业示范园区资源瓶颈、实现发展转型升级、推进农业现代化的有效途径，以土地高效利用为核心的现代农业园区设计是实现农业示范园区土地高效利用的基本准则和技术指导体系。

王世营等（2015）在对上海科技园区进行考察的基础上，指出存在高科技园区公共设施缺乏，城市功能相对滞后，现有科技园区开发区特征明显，产城融合不足，城市功能相对较弱，产业功能、创新功能和生活功能还未完全汇聚等问题；提议构建“网络化、多中心、组团式、集约型”的创新导向的城市空间格局，从明确科技创新的城市功能定位、优化以人为本的科技创新空间、完善创新人才的宜居环境、打造新型国际社区、创新土地管理政策五个方面提出针对在上海建设科技创新中心的土地规划策略建议。

在战略性新兴产业的空间布局问题研究上，韦福雷和胡彩梅（2012）以我国 30 个省（区、市，不包含香港、澳门、台湾、西藏）战略性新兴产业发展规划为基础，运用空间计量经济方法对我国七大战略性新兴产业的空间布局进行了研究，发现我国七大战略性新兴产业空间布局具有一定的趋同性，其中新能源产业和新材料产业的趋同化现象最突出。

吕岩威和孙慧（2013）依据国家统计局编制的《战略性新兴产业分类（2012）（试行）》，选取了 18 个战略性新兴产业大类行业，运用地理集中指数方法对我国战略性新兴产业的集聚程度及演变趋势进行分析，并进一步考察其区域分布特征，进而根据测算结论提出我国西部地区战略性新兴产业的布局应以点状模式为主、中部地区应以点轴模式为主、东部沿海地区应以网络模式为主的空间布局模式构想，以及我国战略性新兴产业“一带、两区、多点”的空间布局方案构想，并提出培育和发展战略性新兴产业的重要任务之一是建成一批产业链完善、创新能力强、特色鲜明的战略性新兴产业集聚区。

韩跃（2014）通过对战略性新兴产业在不同生命周期阶段对区域空间结构的影响机理进行梳理，并从布局条件、布局层次、布局机制和布局模式等方面对战略性新兴产业的布局进行分析，构建了其产业空间布局的理论框架。他认为技术创新、金融服务环境和技术转化平台等因素对新兴产业的区位有很大的影响，并运用多层次、多目标的分析指标体系，分别为宏观、中观和微观层次的决策者提供决策依据，建立并整合了战略性新兴产业空间布局的理论框架；设计了多层次、多目标的战略性新兴产业空间布局的评价指标体系；构建了战略性新兴产业空间布局的决策体系。

李金华（2014）提出，技术、人才、经济发展水平及资源决定着战略性新兴产业的空间布局，大型国有企业和领军企业主导了战略性新兴产业的发展，经济发达地区战略性新兴产业分布差异较小，欠发达地区战略性新兴产业分布差异较大。在这种背景下，应警惕重复建设和产业资源的过度投入；要鼓励民营资本的发展，防止国有企业的垄断；要实行优势互补策略，注重产业的适时转移，形成我国战略性新兴产业错层、非均衡发展的格局。

刘佳刚和汤玮（2015）利用内容分析法，以具有战略性新兴产业概念的 428 家沪深上市公司作为研究样本，从全国、区域和产业三个层面分析战略性新兴产业发展状况、动态演变趋势和空间布局情况。他们指出，战略性新兴产业总体资产规模稳步扩大，营业收入和利润总额变化相辅相成，政府补助虽不断增加，但对各个产业和区域的投入两极分化严重。他们还指出创新投入与产出成果总体呈正比例方向变动，但在不同区域和产业中存在差异。

1.2.3　国内外研究小结

虽然在研究起始时间、研究具体内容和研究方法上不尽相同，但大部分国内外学者认识到发展战略性新兴产业是产业结构升级的方向，并从土地利用结构、土地要素供给、土地规划等视角分析战略性新兴产业的用地问题，提出了相关理论、方法及思路，探索了多种实践案例。

上述已有研究为本书的课题研究奠定了良好的研究基础，但在研究视角、研究方法、研究应用等方面还存在一些缺陷和不足。

第一，由于土地制度不同，国外学者大多侧重于土地利用结构与产业规划布局等方面的研究，此类研究结果对我国战略性新兴产业土地政策研究的借鉴意义有限。国内学者对战略性新兴产业土地政策的考察大多从要素理论的视角出发，主要停留在规划布局层面，而围绕产业发展的土地制度体系设计研究较为缺乏，政策措施的研究也缺乏针对性。

第二，国外学者多采用实证调查和数理模型，国内学者则多采用定性描述和逻辑推导，研究方法侧重定性研究，实证研究薄弱。

因此，极有必要以先进的理论和方法为基础、以实证研究和定量分析为主导，结合湖北省战略性新兴产业发展的实际情况及用地特征，积极探索土地政策促进战略性新兴产业发展的作用机理、传导机制，评估湖北省战略性新兴产业土地政策的实施绩效，构建促进湖北省战略性新兴产业发展的土地政策体系并提出具体政策建议，为政府部门决策提供实践性参考。

本书着重研究四个方面的问题：①土地政策促进战略性新兴产业发展的理论与现实依据是什么？②土地政策通过什么路径促进战略性新兴产业发展？③战略性新兴产业土地政策的实施绩效如何？④促进战略性新兴产业发展的土地政策体系应如何建构？促进战略性新兴产业发展的土地政策体系见图 1-1。

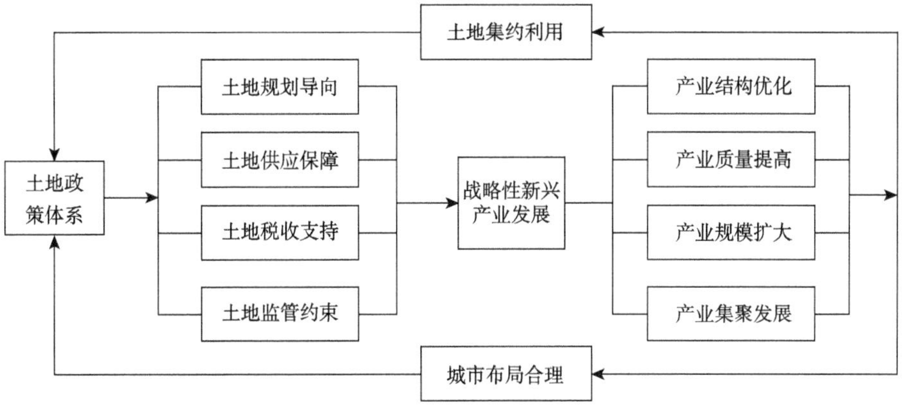

图 1-1　促进战略性新兴产业发展的土地政策体系

本书的总体技术路线如下：首先，对与本书内容相关的国内外研究成果进行梳理，评述现有文献存在的不足，明确研究内容和研究框架；其次，在文献综述的基础上，厘清相关概念，分析促进战略性新兴产业发展土地政策研究的基本理论；再次，利用学校图书馆数据库和网络资源，收集和整理相关统计数据和我国促进战略性新兴产业发展的土地政策及各地典型案例，并通过发放调查问卷获取调研数据；最后，得出本书的研究结论，并分析本书的局限性和未来研究中需要改进与完善的地方。研究技术路线图见图 1-2。

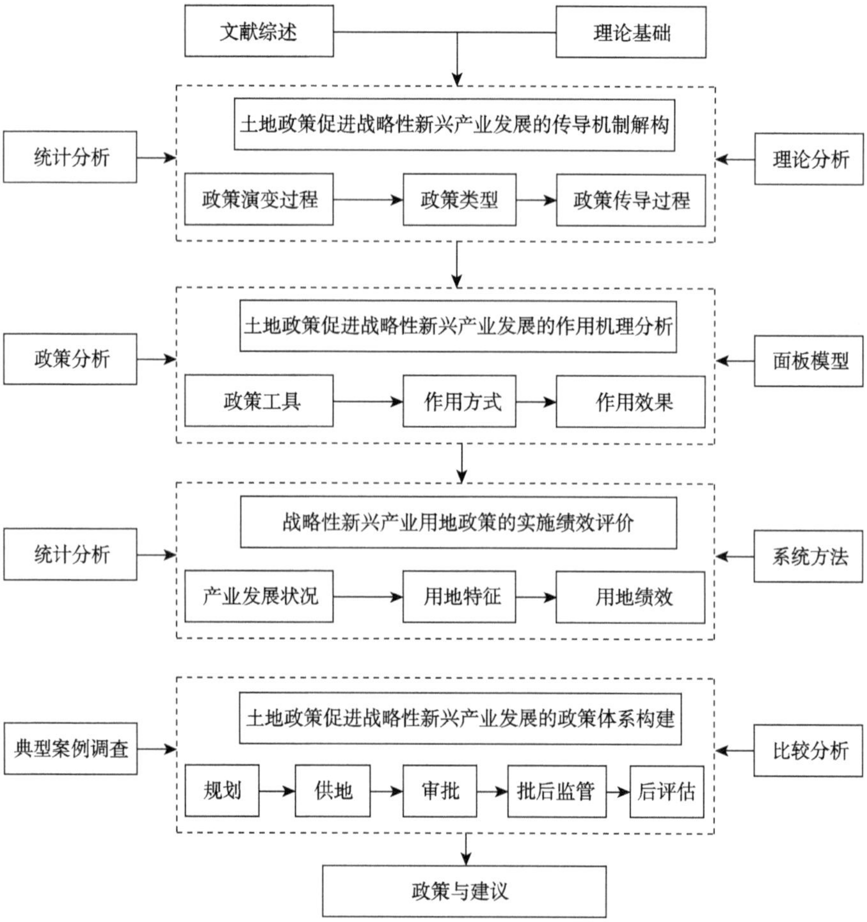

图 1-2 研究技术路线图

第 2 章　战略性新兴产业土地政策的演变过程

战略性新兴产业土地政策是由若干政策构成的政策体系——横向上由若干具体行业、具体领域政策构成，纵向上有国家政策与地方政策之分。近年来，为支持培育发展新产业、新业态，适应和满足其用地需求，推动产业向中高端迈进，各项新兴产业用地政策陆续出台。战略性新兴产业土地政策作为一种外在制度，是政府引导、保障和促进战略性新兴产业发展的重要依据，既包括传统意义上偏重定量的内容分析，也包含对政策文本中官方语言进行的定性分析。通过政策演变分析，能够探寻战略性新兴产业发展所依托的制度（外在制度）和制度所表现的价值取向（内在制度）。本章从政策工具体系角度出发，采用内容分析法和统计分析法探寻国家层面和湖北省层面战略性新兴产业土地政策的演变过程。

2.1　国家层面战略性新兴产业土地政策的演变过程

从国家层面的政策来看，2015 年的《国土资源部 发展改革委 科技部 工业和信息化部 住房城乡建设部 商务部关于支持新产业新业态发展促进大众创业万众创新用地的意见》是管理部门对战略性新兴产业新产业、新业态发展的重要认识，也是以土地利用方式转变促进经济发展方式转变和结构优化的重大举措。在《国土资源部 发展改革委 科技部 工业和信息化部 住房城乡建设部 商务部关于支持新产业新业态发展促进大众创业万众创新用地的意见》的基础上，2016 年 10 月，国土资源部出台了《产业用地政策实施工作指引》，系统梳理了各项支持新经济、新产业、新业态、新模式发展的用地政策，以往的“碎片化”产业用地政策得到了整理、归并或重申，为新产业用地提供了“政策工具包”和“使用说明书”，是政府引导、保障和促进新兴产业发展的重要依据。内容分析法具有系统性、客观性、定量性这三个关键特性，是对文献内容进行系统的定量分析的一种专门方法，其目的一般是弄清或测度文献中本质性的事实和趋势。本节从政策工具体系角度出发，筛选出我国中央级和部级所颁布的新产业用地政策文本，采用内容分析法，分析我国战略性新兴产业用地政策的使用程度、颁布部门和发展历程，探讨我国战略性新兴产业用地政策的演进过程。

2.1.1 政策工具分析方法

随着社会的进步和发展，公共管理的主体日趋多元化，公共政策所面临问题的复杂程度和贯彻执行难度日趋增加，在此背景下，政策工具的作用日趋重要，国内外学者对政策工具的研究也日益兴起。对于政策工具概念的具体界定，国内外学者的研究提供了大量不同的定义。美国学者 James 和 Joseph（2007）把政策工具定义为“一种政策执行的技术”，概括出两种主要的技术途径：一种是命令和控制途径；另一种是经济动力市场化途径。澳大利亚学者休斯（2001）从制度的角度将政策工具概括为“是政府的行为方式，一种通过某种途径和方法来调节政府行为的机制”。国内学者张成福和李昊城（2011）从同样的角度把政策工具归纳为“政府将其实质性的既定目标转化为具体行为并加以执行的路径和机制”。陈振明（2003）认为，政策工具是人们针对某一特殊时期、解决某一社会问题或达成某一政策目标而采取的实质性的方式和手段。陶学荣和熊节春（2008）对政策工具的定义和陈振明（2003）具有共同之处，即政策工具是政府和行政部门、公共部门、社会组织或社会公众针对某一特殊时期或者为解决某一特定问题而采用的具体的方式和手段。国内外很多学者对政策工具进行了深入研究，但是由于公共政策的复杂性，不同学者研究的角度存在差异，涉及的领域也不尽相同，对政策工具的理解和表述各有千秋，但对政策工具精神实质的理解殊途同归。概括来说，政策工具的实质是国家和政府部门为达成既定的政策目标而采取的一系列手段、方法和途径，是将政策目标转化为实际结果的桥梁，在国家和政府部门实现既定目标的过程中发挥着无可替代的作用。

政策工具的研究始于 20 世纪 80 年代初西方公共政策学界对公共政策的关注。此后，国内外学者纷纷致力于这方面的研究，从而全面深入拓展了政策工具的研究，故各项研究成果层出不穷。

以时间为脉络，国外有关政策工具的研究可以用三部经典著作来概括。

一是 20 世纪 80 年代的代表性著作——Hood（1983）的《政府工具》（*The Tools of Government*）。Hood 认为政府工具是四种治理资源即信息、财政、强制性权威和组织的充分运用，其选择受到资源、立法、政治及过去经验的影响。

二是 20 世纪 90 年代最具影响力的著作之一，即美国政治学家 B. 盖伊 · 彼得斯（B. Guy Peters）和荷兰公共管理学教授弗兰斯 · K. M. 冯尼斯潘（Frans K. M. van Nispen）于 2007 年编著的《公共政策工具：对公共管理工具的评价》。该书系统性地收集了 1992 年荷兰召开的政策工具国际研讨会的研究论文，是当时北美国家和欧洲大陆关于政策工具研究成果的全面反映。其内容涉及四个方面：①阐述了当时北美国家和欧洲大陆对于政策工具研究的状况，将当时政策工具的研究领域归纳为四个方面，主要包括政策工具分类的研究、政策工具有效性的研究、政策工具特性的分析、政策工具与政策情境相结合的途径研究；②强调了政策工具的政治特征和政治属性；③相对于政策的静态呈现，提出了从政治、经济、社会环境动态变化的视角来解释和研究政策工具的概念；④对于政策工具研究文献的述评。

三是 21 世纪初美国著名教授莱斯特 · M. 萨拉蒙（L. M. Salamon）于 2016 年与其他公共管理学者共同编著的《政府工具：新治理指南》一书。学者在书中创造性地提出了政策工具研究“四三二”理念，即四种途径、三个主题和两个新趋势。概括来讲，这一时期国外学者更多地从政府治理视角入手，研究如何利用政策工具来改善政府的治理，包括完善政府的预期目标、创新政策工具等新时期的创新性主题。

总的来说，国外学者的研究主要从政策工具的内涵与特征、政策工具的分类和政策工具的选择三个方面展开。关于政策工具的内涵与特征，Hood（1983）将政策工具界定为一种“客体”，认为政府的目标就在于用各种治理工具来更好地完善公共生活。关于政策工具的分类，Ingram 和 Schneider（1988）基于人类行为假设，把政策工具归类为拟人化的学习、符号、规划、激励、权威、能力等。在政策工具的选择方面，国外学者普遍认为政策工具本身的特征是影响选择的内在因素，其与资源、法制、政治、经济、经验、社会等外在因素共同影响政策工具的选择。

相对而言，国内学界对政策工具的研究起步较晚，在对国外理论进行介绍与引进的基础上，逐步形成了政策工具理论的本土化研究。陈振明等（2009）在《政府工具导论》一书中对政府工具做了系统性的阐述，并对政府工具的分类和选择进行了研究，认为我国政府工具存在三种类型，即市场化工具、工商管理技术、社会化手段，并对工具应用的机制、效果和存在的局限性等进行了简单的研究，形成了较为系统的政府工具理论。吕志奎（2006）以“政策执行中的工具选择”主题为视角，综述了政策工具选择的研究状况、研究途径，以及在新治理范式下政府治理工具的选择等问题。

政策文本分析法是对文本内容进行系统的定量分析的一种专门方法，其目的一般是弄清或测度文本中本质性的事实和趋势。本章采用政策文本分析法，筛选出我国中央级和部级所颁布的战略性新兴产业土地政策文本，构建分析框架，对各个政策文本内容进行编码以定义分析单元，然后将政策编号归入分析框架中进行频数统计，最后在量化分析的基础上有针对性地对战略性新兴产业土地政策的发布年度、发布部门和发展历程等进行分析研究。

2.1.2 样本选择

为了保证政策样本选择的有效性和准确性，本书依据2016年版《产业用地政策实施工作指引》文件精神，按照以下原则对政策文本进行筛选和整理，具体方法和途径如下。

首先，在有关新兴产业土地政策的新闻媒体网站、中央政府相关部委门户网站、政府网站及相关部委网站，如国务院、国土资源部、国家发展改革委这些部门及国内新兴产业政策关联网站进行搜集，浏览我国战略性新兴产业相关土地政策，建立相关基础知识背景，并确定收集政策文本所用的关键词。

其次，以“战略性新兴产业”“新兴产业”“土地政策”“文本研究”等与我国新兴产业土地政策文本研究直接相关的词在知网、万方数据库进行检索。

再次，根据上述检索途径检索出的政策文本有上百条，由于省级及以下各级政府的产业规划、措施和相关政策层次不一，对象范围不同，在国家层面不具有权威性，为保证样本选取标准的统一性，本书仅选取国家层面的战略性新兴产业土地政策文本作为研究对象，政策发布部门均为中央政府及其职能部门。政策表现形式为法律、决定、规划、条例、办法、意见和通知等。

最后，通过咨询几位对产业用地政策领域有一定研究的相关人员的意见，并结合 2007~2017 年国土资源部土地利用管理司的产业用地政策汇总，对政策文本收集结果进行全面分析和总结，整理出70份精确政策样本。这些政策广泛涵盖医疗、教育、科技、体育、文化、城市交通等各行各业，均包含了新兴行业的专项用地政策。具体如表 2-1 所示。

表 2-1 我国国家层面战略性新兴产业用地政策

序号	文件名称	政策文号	发文时间	发文机关
1	国务院关于加快发展服务业的若干意见	国发〔2007〕7号	2007年3月19日	国务院
2	国务院办公厅关于加快发展服务业若干政策措施的实施意见	国办发〔2008〕11号	2008年3月13日	国务院办公厅
3	国务院关于加快发展旅游业的意见	国发〔2009〕41号	2009年12月1日	国务院
4	国务院关于进一步做好利用外资工作的若干意见	国发〔2010〕9号	2010年4月6日	国务院
5	国务院关于促进企业兼并重组的意见	国发〔2010〕27号	2010年8月28日	国务院
6	国务院办公厅关于促进物流业健康发展政策措施的意见	国办发〔2011〕38号	2011年8月2日	国务院办公厅

续表

序号	文件名称	政策文号	发文时间	发文机关
7	国务院办公厅关于建立完整的先进的废旧商品回收体系的意见	国办发〔2011〕49 号	2011 年 10 月 31 日	国务院办公厅
8	国务院办公厅关于加强鲜活农产品流通体系建设的意见	国办发〔2011〕59 号	2011 年 12 月 13 日	国务院办公厅
9	国务院关于进一步支持小型微型企业健康发展的意见	国发〔2012〕14 号	2012 年 4 月 19 日	国务院
10	国务院关于深化流通体制改革加快流通产业发展的意见	国发〔2012〕39 号	2012 年 8 月 3 日	国务院
11	国务院关于城市优先发展公共交通的指导意见	国发〔2012〕64 号	2012 年 12 月 29 日	国务院
12	国务院办公厅关于转发发展改革委 住房城乡建设部绿色建筑行动方案的通知	国办发〔2013〕1 号	2013 年 1 月 1 日	国务院办公厅
13	国务院办公厅关于印发降低流通费用提高流通效率综合工作方案的通知	国办发〔2013〕5 号	2013 年 1 月 11 日	国务院办公厅
14	国务院关于促进光伏产业健康发展的若干意见	国发〔2013〕24 号	2013 年 7 月 4 日	国务院
15	国务院关于改革铁路投融资体制加快推进铁路建设的意见	国发〔2013〕33 号	2013 年 8 月 9 日	国务院
16	国务院关于加强城市基础设施建设的意见	国发〔2013〕36 号	2013 年 9 月 6 日	国务院
17	国务院关于加快发展养老服务业的若干意见	国发〔2013〕35 号	2013 年 9 月 6 日	国务院
18	国务院关于促进健康服务业发展的若干意见	国发〔2013〕40 号	2013 年 9 月 28 日	国务院
19	国务院关于化解产能严重过剩矛盾的指导意见	国发〔2013〕41 号	2013 年 10 月 6 日	国务院
20	国务院关于推进文化创意和设计服务与相关产业融合发展的若干意见	国发〔2014〕10 号	2014 年 2 月 26 日	国务院
21	国务院办公厅关于推进城区老工业区搬迁改造的指导意见	国办发〔2014〕9 号	2014 年 3 月 3 日	国务院办公厅
22	国务院关于进一步优化企业兼并重组市场环境的意见	国发〔2014〕14 号	2014 年 3 月 7 日	国务院
23	国务院办公厅关于印发文化体制改革中经营性文化事业单位转制为企业和进一步支持文化企业发展两个规定的通知	国办发〔2014〕15 号	2014 年 4 月 2 日	国务院办公厅
24	国土资源部办公厅关于印发《养老服务设施用地指导意见》的通知	国土资厅发〔2014〕11 号	2014 年 4 月 17 日	国土资源部办公厅
25	国务院办公厅关于金融服务“三农”发展的若干意见	国办发〔2014〕17 号	2014 年 4 月 20 日	国务院办公厅
26	关于支持电影发展若干经济政策的通知	财教〔2014〕56 号	2014 年 5 月 31 日	财政部、国家发展改革委、国土资源部、住房和城乡建设部、中国人民银行、国家税务总局、国家新闻出版广电总局[1)]

续表

序号	文件名称	政策文号	发文时间	发文机关
27	国务院办公厅关于转发工业和信息化部等部门推动婴幼儿配方乳粉企业兼并重组工作方案的通知	国办发〔2014〕28号	2014年6月6日	国务院办公厅
28	国务院办公厅关于加快新能源汽车推广应用的指导意见	国办发〔2014〕35号	2014年7月14日	国务院办公厅
29	国务院关于加快发展生产性服务业 促进产业结构调整升级的指导意见	国发〔2014〕26号	2014年7月28日	国务院
30	国务院办公厅关于支持铁路建设实施土地综合开发的意见	国办发〔2014〕37号	2014年7月29日	国务院办公厅
31	国务院关于促进旅游业改革发展的若干意见	国发〔2014〕31号	2014年8月9日	国务院
32	国务院关于加快发展现代保险服务业的若干意见	国发〔2014〕29号	2014年8月10日	国务院
33	国务院关于印发物流业发展中长期规划（2014—2020年）的通知	国发〔2014〕42号	2014年9月12日	国务院
34	国务院关于加快发展体育产业促进体育消费的若干意见	国发〔2014〕46号	2014年10月2日	国务院
35	国务院办公厅关于促进内贸流通健康发展的若干意见	国办发〔2014〕51号	2014年10月24日	国务院办公厅
36	国务院办公厅关于促进国家级经济技术开发区转型升级创新发展的若干意见	国办发〔2014〕54号	2014年10月30日	国务院办公厅
37	国务院关于促进云计算创新发展培育信息产业新业态的意见	国发〔2015〕5号	2015年1月6日	国务院
38	国务院办公厅转发财政部 发展改革委 人民银行关于在公共服务领域推广政府和社会资本合作模式指导意见的通知	国办发〔2015〕42号	2015年5月19日	国务院办公厅
39	国务院办公厅关于支持农民工等人员返乡创业的意见	国办发〔2015〕47号	2015年6月17日	国务院办公厅
40	国务院办公厅印发关于支持戏曲传承发展若干政策的通知	国办发〔2015〕52号	2015年7月11日	国务院办公厅
41	国务院办公厅关于进一步促进旅游投资和消费的若干意见	国办发〔2015〕62号	2015年8月4日	国务院办公厅
42	关于积极开发农业多种功能 大力促进休闲农业发展的通知	农加发〔2015〕5号	2015年8月18日	农业部[2)]
43	国务院关于推进国内贸易流通现代化建设法治化营商环境的意见	国发〔2015〕49号	2015年8月26日	国务院
44	国土资源部 发展改革委 科技部 工业和信息化部 住房城乡建设部 商务部关于支持新产业新业态发展促进大众创业万众创新用地的意见	国土资规〔2015〕5号	2015年9月10日	国土资源部、国家发展改革委、科技部、工业和信息化部、住房和城乡建设部、商务部
45	国务院办公厅关于推进线上线下互动加快商贸流通创新发展转型升级的意见	国办发〔2015〕72号	2015年9月18日	国务院办公厅

续表

序号	文件名称	政策文号	发文时间	发文机关
46	国务院办公厅关于加快电动汽车充电基础设施建设的指导意见	国办发〔2015〕73 号	2015 年 9 月 29 日	国务院办公厅
47	国务院关于促进快递业发展的若干意见	国发〔2015〕61 号	2015 年 10 月 23 日	国务院
48	国务院办公厅转发卫生计生委[3)]等部门关于推进医疗卫生与养老服务相结合指导意见的通知	国办发〔2015〕84 号	2015 年 11 月 18 日	国务院办公厅
49	国务院关于积极发挥新消费引领作用加快培育形成新供给新动力的指导意见	国发〔2015〕66 号	2015 年 11 月 19 日	国务院
50	国务院办公厅关于加快发展生活性服务业促进消费结构升级的指导意见	国办发〔2015〕85 号	2015 年 11 月 19 日	国务院办公厅
51	国土资源部 住房和城乡建设部 国家旅游局关于支持旅游业发展用地政策的意见	国土资规〔2015〕10 号	2015 年 11 月 25 日	国土资源部、住房和城乡建设部、国家旅游局[4)]
52	国务院办公厅关于推进农村一二三产业融合发展的指导意见	国办发〔2015〕93 号	2015 年 12 月 30 日	国务院办公厅
53	国土资源部关于支持钢铁煤炭行业化解过剩产能实现脱困发展的意见	国土资规〔2016〕3 号	2016 年 3 月 30 日	国土资源部
54	商务部等 12 部门关于加强公益性农产品市场体系建设的指导意见	商建函〔2016〕146 号	2016 年 4 月 6 日	商务部、国家发展改革委、国土资源部、交通运输部、农业部、国务院国资委[5)]、国家税务总局、国家质检总局[6)]、国家标准化管理委员会、中华全国供销合作总社、国家开发银行、中国农业发展银行
55	国务院关于促进外贸回稳向好的若干意见	国发〔2016〕27 号	2016 年 5 月 5 日	国务院
56	国务院关于深化制造业与互联网融合发展的指导意见	国发〔2016〕28 号	2016 年 5 月 13 日	国务院
57	国务院办公厅关于营造良好市场环境促进有色金属工业调结构促转型增效益的指导意见	国办发〔2016〕42 号	2016 年 6 月 5 日	国务院办公厅
58	关于大力发展休闲农业的指导意见	农加发〔2016〕3 号	2016 年 7 月 8 日	农业部、国家发展改革委、工业和信息化部、财政部、国土资源部、住房和城乡建设部、水利部、文化部[7)]、中国人民银行、国家林业局[8)]、国家旅游局、国家文物局、国务院扶贫开发领导小组办公室、中华全国妇女联合会

续表

序号	文件名称	政策文号	发文时间	发文机关
59	住房城乡建设部 国土资源部关于进一步完善城市停车场规划建设及用地政策的通知	建城〔2016〕193号	2016年8月31日	住房和城乡建设部、国土资源部
60	关于联合公布第三批政府和社会资本合作示范项目 加快推动示范项目建设的通知	财金〔2016〕91号	2016年10月11日	财政部、教育部、科技部、工业和信息化部、民政部、人力资源和社会保障部、国土资源部、环境保护部[9]、交通运输部、水利部、农业部、商务部、文化部、卫生计生委、国家体育总局、国家林业局、国家旅游局、国家能源局、国家铁路局、中国民用航空局
61	国务院办公厅关于加快发展健身休闲产业的指导意见	国办发〔2016〕77号	2016年10月25日	国务院办公厅
62	国土资源部办公厅关于印发《产业用地政策实施工作指引》的通知	国土资厅发〔2016〕38号	2016年10月28日	国土资源部
63	商务部 民政部 国土资源部 住房城乡建设部 质检总局关于推进电子商务进社区促进居民便利消费的意见	商建发〔2016〕255号	2016年10月28日	商务部、民政部、国土资源部、住房和城乡建设部、国家质检总局
64	关于促进自驾车旅居车旅游发展的若干意见	旅发〔2016〕148号	2016年11月7日	国家旅游局、国家发展改革委、工业和信息化部、公安部、财政部、国土资源部、环境保护部、住房和城乡建设部、交通运输部、国家工商总局[10]、国家体育总局
65	关于推动小型微型企业创业创新基地发展的指导意见	工信部联企业〔2016〕394号	2016年12月5日	工业和信息化部、国家发展改革委、财政部、国土资源部、国家税务总局
66	国务院办公厅关于全面放开养老服务市场提升养老服务质量的若干意见	国办发〔2016〕91号	2016年12月7日	国务院办公厅
67	国务院办公厅关于进一步促进农产品加工业发展的意见	国办发〔2016〕93号	2016年12月17日	国务院办公厅
68	交通运输部等十八个部门关于进一步鼓励开展多式联运工作的通知	交运发〔2016〕232号	2016年12月28日	交通运输部、外交部、国家发展改革委、科技部、工业和信息化部、公安部、财政部、国土资源部、住房和城乡建设部、商务部、中国人民银行、海关总署、国家税务总局、国家工商总局、国家质检总局、国家统计局、中国保险监督管理委员会[11]、中国铁路总公司[12]
69	国务院关于鼓励社会力量兴办教育促进民办教育健康发展的若干意见	国发〔2016〕81号	2016年12月29日	国务院

续表

序号	文件名称	政策文号	发文时间	发文机关
70	国务院关于印发“十三五”国家老龄事业发展和养老体系建设规划的通知	国发〔2017〕13 号	2017 年 2 月 28 日	国务院

1）国家新闻出版广电总局现为国家广播电视总局；2）农业部现为农业农村部；3）国家卫生和计划生育委员会，简称卫生计生委，现为卫生健康委员会；4）国家旅游局现为文化和旅游部；5）国务院国有资产监督管理委员会，简称国务院国资委；6）国家质量监督检验检疫总局，简称国家质检总局，现为国家市场监督管理总局；7）文化部现为文化和旅游部；8）国家林业局现为国家林业和草原局；9）环境保护部现为生态环境部；10）国家工商总局现为国家市场监督管理总局；11）中国保险监督管理委员会现为中国银行保险监督管理委员会；12）中国铁路总公司现为中国国家铁路集团有限公司

2.1.3　政策文本分析

1. 产业用地政策发布年度分析

本书选取的 70 份政策文本中，以通知、意见为主，直接体现了政府从土地政策层面对新产业、新业态发展的支持和重视。政策发文时间跨度在 2007~2017 年，大致可分为三个阶段：2007~2009 年为起步阶段，共发文 3 份；2010~2012 年为改革阶段，共发文 8 份；2013~2017 年为加速阶段，共发文 59 份，如图 2-1 所示。2010 年 10 月 10 日，国务院发布了《国务院关于加快培育和发展战略性新兴产业的决定》，相关部门开始针对战略性新兴产业发展制定相关产业用地政策。2012 年 7 月 9 日，国务院发布了《“十二五”国家战略性新兴产业发展规划》，对战略性新兴产业发展做了具体规划，国家相关部门对战略性新兴产业发展、产业集群、科技创新等给予高度重视和支持，出台了一系列支持政策。我国国家层面战略性新兴产业用地政策文本主要集中在 2012 年以后，占发文总数的 84.29%，2014 年、2015 年和 2016 年发文数达到 17 份、16 份和 17 份。2007~2017 年，我国在每个阶段发布的使用土地政策工具的政策数量呈增长趋势，2013~2017 年的增长速度相较于其他阶段是最快的。

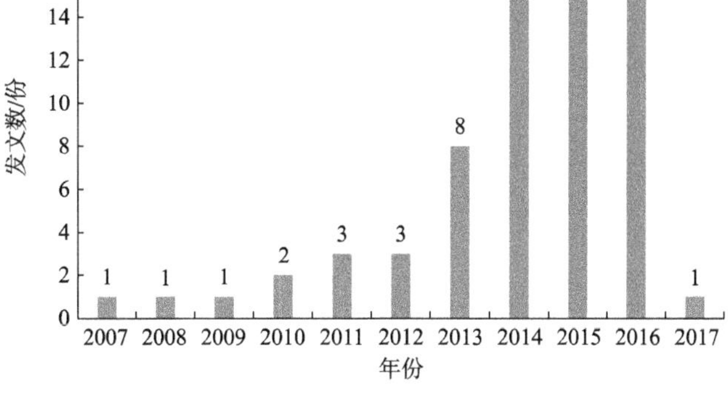

图 2-1　我国国家层面产业用地政策文本分布图

2. 产业用地政策发布部门分析

战略性新兴产业已成为我国国民经济中增长最迅速的产业之一，这与我国中央级和部级机构的重视及其提供的多方面扶持和帮助有着密切关系。随着我国政府不断出台用地政策推动产业发展，参与发布产业用地政策的机构也不断增加，各机构各司其职，发布相关产业配套用地政策，也有机构间进行合作，由多个部门共同发布一份政策的情形。从政策文本的发布部门来看，70 份政策文本共涉及 43 个发布部门，其中独立发布相关政策文本最多的是国务院和国务院办公厅，共发布 55 份相关政策文本，占发布政策总数的 78.57%，如表 2-2 所示。

表 2-2　政策文本发布部门分布

序号	发布部门	独立发布数/份	第一发布数/份	联合发布数/份
1	国务院	28	28	0
2	国土资源部	27	27	0
3	国务院办公厅	3	5	11
4	农业部	1	2	3
5	财政部	0	2	6
6	商务部	0	2	5
7	住房和城乡建设部	0	1	8
8	国家旅游局	0	1	4
9	工业和信息化部	0	1	6
10	交通运输部	0	1	4
11	国家发展改革委	0	0	7
12	国家税务总局	0	0	4
13	国家质检总局	0	0	3
14	科技部	0	0	3
15	中国人民银行	0	0	3
16	民政部	0	0	2
17	公安部	0	0	2
18	环境保护部	0	0	2
19	国家工商总局	0	0	2
20	国家体育总局	0	0	2
21	国家新闻出版广电总局	0	0	1
22	国务院国资委	0	0	1
23	国家标准化管理委员会	0	0	1
24	中华全国供销合作总社	0	0	1

续表

序号	发布部门	独立发布数/份	第一发布数/份	联合发布数/份
25	国家开发银行	0	0	1
26	中国农业发展银行	0	0	1
27	教育部	0	0	1
28	人力资源和社会保障部	0	0	1
29	水利部	0	0	2
30	文化部	0	0	2
31	卫生计生委	0	0	1
32	国家林业局	0	0	2
33	国家能源局	0	0	1
34	国家铁路局	0	0	1
35	中国民用航空局	0	0	1
36	外交部	0	0	1
37	海关总署	0	0	1
38	国家统计局	0	0	1
39	中国保险监督管理委员会	0	0	1
40	中国铁路总公司	0	0	1
41	国家文物局	0	0	1
42	国务院扶贫开发领导小组办公室	0	0	1
43	中华全国妇女联合会	0	0	1

2007~2017 年，参与发布我国产业用地政策的各个主体中，国土资源部作为第一单位发布相关政策文本 5 份，其中有 3 份为独立发布，联合发布相关政策文本 11 份。按独立发布政策量从大到小的顺序排序，其主要参与主体的顺序为：国务院、国务院办公厅、国土资源部、农业部等机构。按参与联合发文合作的活跃程度递减进行排序，其主要参与主体的顺序为：国土资源部、住房和城乡建设部、国家发展改革委、财政部、工业和信息化部、商务部、国家旅游局、交通运输部、国家税务总局、农业部、国家质检总局、科技部、中国人民银行、民政部、公安部、环境保护部、国家工商总局、国家体育总局、水利部、文化部、国家林业局、国家新闻出版广电总局、国务院国资委、国家标准化管理委员会、中华全国供销合作总社、国家开发银行、中国农业发展银行、教育部、人力资源和社会保障部、卫生计生委、国家能源局、国家铁路局、中国民用航空局、外交部、海关总署、国家统计局、中国保险监督管理委员会、中国铁路总公司、国家文物局、国务院扶贫开发领导小组办公室、中华全国妇

女联合会等机构。

为了直观揭示各发文部门在不同发展时期合作网络结构的演化模式，运用词频统计法、共现分析法和社会网络分析法绘制我国新兴产业用地政策发文主体的网络图谱。社会网络分析法可对各行为主体之间关系进行质性描述和量化，揭示节点（各行为主体）间的关联结构，并对节点之间的关系进行量化分析，通过直观方便的网络图进行展示。通过使用计算软件，自行设定共现矩阵输出行列数，将频次降序排列表中的相应数量条目元素作为知识单元进行运算，以构建知识单元共现矩阵（分相异矩阵、相似矩阵、多值矩阵和二值矩阵四种），生成 Excel 格式的知识矩阵数据，将矩阵数据输入 UCINET（社会网络分析软件）可以得到联合发文主体网络结构图，如图 2-2 所示。其中，图 2-2 中的节点表示新兴产业用地政策发文主体，节点之间的线表示两个发文主体之间最少联合发文 1 次。中心性是度量整个网络中心化程度的重要指标，网络中心性分为点度中心度、接近中心度和中介中心度三个指标。

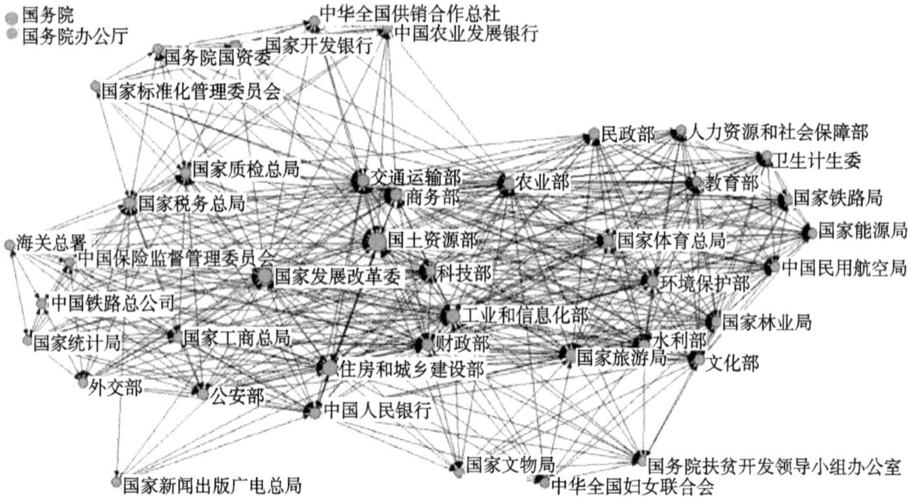

图 2-2　政策发文主体网络结构图

点度中心度是在一个网络图中与某一个点直接相连的其他点的个数，个数多说明与其他单位的联系紧密，反映这个点在该网络中处于中心地位。表 2-3 列出了联合发文部门的点度中心度，并得出联合发文部门社会网络图的点度中心势指数为 20.28%，说明联合发文主体的社会网络中心度并不高。点度中心度排名前 6 位的部门为国土资源部、财政部、工业和信息化部、国家发展改革委、商务部、交通运输部，这些部门的点度中心度份额大于 0.04，其他部门的点度中心度份额不到 0.04。说明在产业用地联合发文部门的社会网络中，这 6 个部门处于重要位置，是核心节点，与其他部门的关系较为紧密，具有较大的影响力，是促进战略性新兴产业用地政策目的实现的核心对象。相对点度中心度即绝对点度中心度与图 2-2 中该点的最大可能度数之比，能对节点中心度的分析提供补充。在表 2-3 中相对点度中心度的排序与节点中心度一致，说明分析结果并无异常。

表 2-3　联合发文部门的点度中心度

发文部门	点度中心度	相对点度中心度	份额
国土资源部	58	32.222	0.055
财政部	52	28.889	0.049
工业和信息化部	50	27.778	0.047
国家发展改革委	46	25.556	0.043
商务部	45	25.000	0.042
交通运输部	42	23.333	0.040
住房和城乡建设部	39	21.667	0.037
国家税务总局	38	21.111	0.036
科技部	37	20.556	0.035
中国人民银行	36	20.000	0.034
农业部	36	20.000	0.034
国家质检总局	32	17.778	0.030
文化部	31	17.222	0.029
国家林业局	31	17.222	0.029
水利部	30	16.667	0.028
国家旅游局	29	16.111	0.027
环境保护部	28	15.556	0.026
国家体育总局	28	15.556	0.026
国家工商总局	27	15.000	0.025
公安部	26	14.444	0.024
民政部	22	12.222	0.021
中国民用航空局	19	10.556	0.018
卫生计生委	19	10.556	0.018
人力资源和社会保障部	19	10.556	0.018
教育部	19	10.556	0.018
国家铁路局	19	10.556	0.018
国家能源局	19	10.556	0.018
中国铁路总公司	17	9.444	0.016

续表

发文部门	点度中心度	相对点度中心度	份额
外交部	17	9.444	0.016
海关总署	17	9.444	0.016
国家统计局	17	9.444	0.016
中国保险监督管理委员会	17	9.444	0.016
中华全国妇女联合会	13	7.222	0.012
国务院扶贫开发领导小组办公室	13	7.222	0.012
国家文物局	13	7.222	0.012
中华全国供销合作总社	11	6.111	0.010
中国农业发展银行	11	6.111	0.010
国家标准化管理委员会	11	6.111	0.010
国务院国资委	11	6.111	0.010
国家开发银行	11	6.111	0.010
国家新闻出版广电总局	6	3.333	0.006
国务院办公厅	0	0	0
国务院	0	0	0

接近中心度表示在网络中某一节点与其他节点之间的接近程度。接近中心度的值越小，表明该节点和其他节点的距离越小，越不受他人控制，因此越处于重要位置。联合发文部门的接近中心度分析结果如表 2-4 所示，国务院和国务院办公厅相对不接近中心，远离度高，接近中心度低，处于重要位置。接近中心度最高的 6 个主体分别为国家新闻出版广电总局、国家标准化管理委员会、中国农业发展银行、中华全国供销合作总社、国务院国资委、国家开发银行，同时在网络中的远离度相对较小，表明这 6 个部门之间的关系比较紧密。

表 2-4　联合发文部门的接近中心度

发文部门	接近中心度	接近性
国土资源部	270	16.667
交通运输部	274	16.423
商务部	274	16.423
财政部	275	16.364
工业和信息化部	276	16.304
国家发展改革委	277	16.245
农业部	278	16.187
科技部	279	16.129

续表

发文部门	接近中心度	接近性
住房和城乡建设部	281	16.014
国家旅游局	283	15.901
中国人民银行	284	15.845
水利部	285	15.789
国家林业局	285	15.789
文化部	285	15.789
国家税务总局	286	15.734
国家质检总局	286	15.734
国家体育总局	287	15.679
环境保护部	287	15.679
民政部	289	15.571
公安部	290	15.517
国家工商总局	290	15.517
中国民用航空局	291	15.464
人力资源和社会保障部	291	15.464
卫生计生委	291	15.464
国家能源局	291	15.464
国家铁路局	291	15.464
教育部	291	15.464
外交部	293	15.358
中国保险监督管理委员会	293	15.358
海关总署	293	15.358
国家统计局	293	15.358
中国铁路总公司	293	15.358
国家文物局	297	15.152
中华全国妇女联合会	297	15.152
国务院扶贫开发领导小组办公室	297	15.152
国家标准化管理委员会	299	15.050
中国农业发展银行	299	15.050
中华全国供销合作总社	299	15.050
国务院国资委	299	15.050
国家开发银行	299	15.050
国家新闻出版广电总局	304	14.803
国务院办公厅	0	0
国务院	0	0

中介中心度表征着某个节点对网络中资源控制的程度，某节点中介中心度越高，说明该节点越多地占据资源和信息流通的关键位置。表 2-5 列出了联合发文部门的中介中心度，并得出联合发文部门社会网络图的中介中心势指数为 5.56%，数值较低，说明针对战略性新兴产业用地联合发文部门的社会网络中大部分节点不需要其他节点作为中介也可得到信息。中介中心度最高的为国土资源部，达到62.058，相对中介中心度为6.269，表明大多数发文部门以国土资源部作为中介和其他部门发生关系，具体表现为大多数产业用地的联合发文部门里都有国土资源部，即国土资源部对联合发布产业用地政策的社会网络具有较高的控制力和沟通力。中介中心度大于35的还有其他3个部门：交通运输部、商务部、国家发展改革委，中介中心度分别为39.776、39.776和37.204。

表 2-5　联合发文部门的中介中心度

发文部门	中介中心度	相对中介中心度
国土资源部	62.058	6.269
交通运输部	39.776	4.018
商务部	39.776	4.018
国家发展改革委	37.204	3.758
农业部	32.442	3.277
财政部	31.487	3.180
工业和信息化部	24.087	2.433
住房和城乡建设部	16.861	1.703
科技部	15.871	1.603
国家税务总局	13.835	1.398
中国人民银行	12.551	1.268
国家质检总局	12.064	1.219
国家旅游局	8.729	0.882
水利部	5.714	0.577
国家林业局	5.714	0.577
文化部	5.714	0.577
国家体育总局	3.115	0.315
环境保护部	3.115	0.315
公安部	2.097	0.212
国家工商总局	2.097	0.212
民政部	1.695	0.171
外交部	0	0
国家标准化管理委员会	0	0
中国农业发展银行	0	0

续表

发文部门	中介中心度	相对中介中心度
国家文物局	0	0
中国民用航空局	0	0
中国保险监督管理委员会	0	0
国务院办公厅	0	0
人力资源和社会保障部	0	0
中华全国供销合作总社	0	0
卫生计生委	0	0
中华全国妇女联合会	0	0
国家能源局	0	0
国家铁路局	0	0
国务院国资委	0	0
国家新闻出版广电总局	0	0
国务院	0	0
教育部	0	0
海关总署	0	0
国家统计局	0	0
中国铁路总公司	0	0
国务院扶贫开发领导小组办公室	0	0
国家开发银行	0	0

综上所述，独立颁布相关政策最多的是国务院和国务院办公厅，层级较高。这说明随着我国产业向中高端迈进，为支持培育发展新产业、新业态，适应和满足其用地需求，大量产业用地政策陆续出台，从国家战略规划的角度制定了新产业、新业态的发展规划及目标，并给予优厚的土地政策扶持。国土资源部在联合发文中占主导地位，在产业结构升级中发挥重要作用。产业用地政策是国土资源主管部门认识新常态、适应新常态、引领新常态的主动作为。由于职能不同，商务部、财政部、交通运输部、工业和信息化部、国家发展改革委等部门对新产业、新业态用地独立发文量少而联合发文多，合作率较高，合作范围较广。

2.2　湖北省战略性新兴产业土地政策的演变过程

市场和政府是调控经济的两大基本主体。战略性新兴产业在发展过程中很难完全依靠市场经济的作用快速发展，也需要政府通过政策手段进行调控，从而促进战略性新兴产业发展。土地是产业发展的基本载体，湖北省要促进产业结构转型升级，提升经济发展的核心竞争力，需明确战略性新兴产业的用地问题。从用地问题入手，以土地政策为调控工具，解决土地制约问题，是湖北省发展战略性新兴产业的关键点。

2.2.1 样本选择

本书通过以下步骤获得政策样本：先从国土资源部和湖北省国土资源厅（现为湖北省自然资源厅）等政府官方网站中搜集相关政策文件，然后从中国法律检索系统中以“土地”为关键词进行检索，仔细阅读相关文本，搜集整理1983~2015 年与湖北省战略性新兴产业发展有关、对战略性新兴产业发展有促进作用的土地政策。

据不完全统计，1983~2015 年，与湖北省战略性新兴产业发展相关的各类土地政策文本包括法律、行政法规、部门规章等共 196 项，其中，法规数量 21 项、国务院规范性文件 19 项、地方规范性文件 39 项、部门规范性文件 116 项，《关于审理涉及国有土地使用权合同纠纷案件适用法律问题的解释》这项政策的效力等级为司法解释，该效力等级的政策有且仅有 1 项，因此我们将其作用效力忽略不计。因此，本书最终选择的土地政策样本为 195 项，并依照其政策效力级别，将政策划分为 A 等级——法规、B 等级——国务院规范性文件、C 等级——部门规范性文件、D 等级——地方规范性文件，共 4 个层级，政策效力级别越高，政策的作用力度也就越强。

2.2.2 政策演变过程

参考已有文献，用比例图反映与湖北省战略性新兴产业相关土地政策的时间序列变化，在考虑 A、B、C、D 等级数量之间差距的同时，更清晰地反映政策的变化。

根据图 2-3，1983~2015 年与湖北省战略性新兴产业相关的土地政策数量呈增长后趋于平稳的发展态势，1999 年出台了 8 项政策文件，之后每年都有政策出台，2006~2014 年政策出台较为密集。

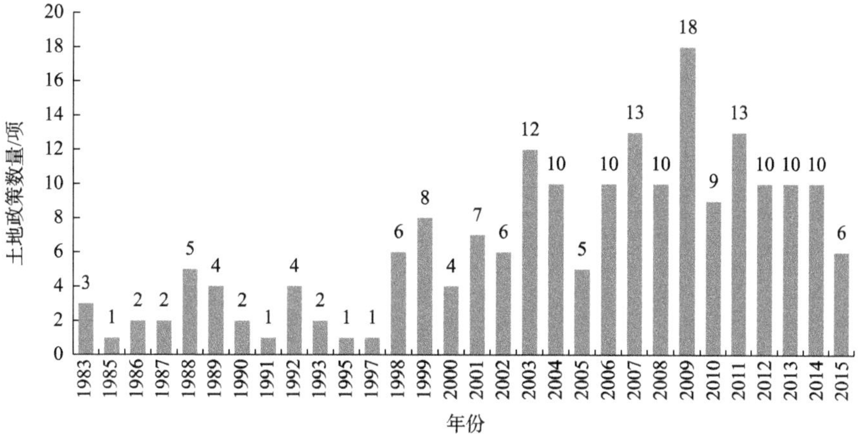

图 2-3　1983~2015 年与湖北省战略性新兴产业相关的土地政策数量变化

1984 年、1994 年和 1996 年无相关政策出台

根据图 2-4，国务院规范性文件在 1983~2015 年分布比例较为零散，1999 年以前，法规、部门规范性文件这两类效力等级的土地政策所占比例较大，2007 年以后针对湖北省战略性新兴产业发展的地方规范性文件开始增多，与部门规范性文件所占比例基本相当。

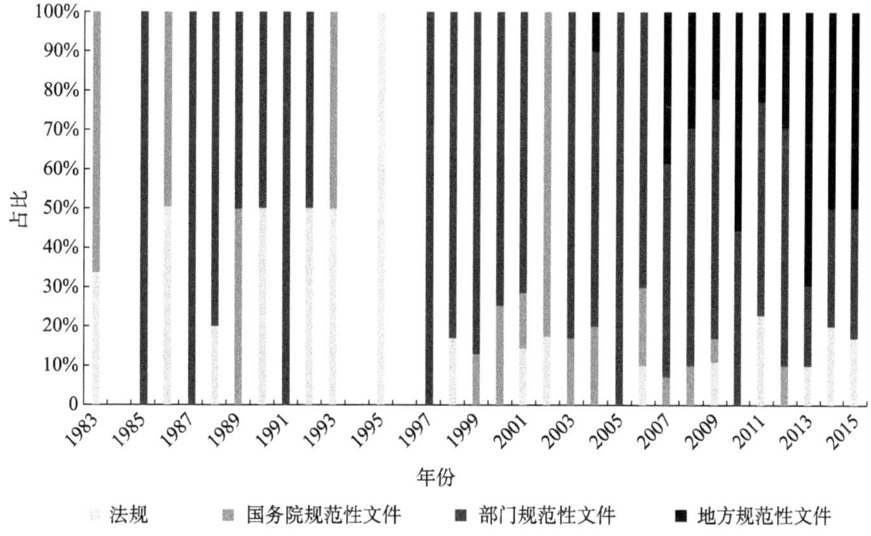

图 2-4　1983~2015 年与湖北省战略性新兴产业相关的土地政策效力等级比例变化趋势

1984 年、1994 年和 1996 年无相关政策出台

表 2-6 为与湖北省战略性新兴产业发展相关的土地政策分类分年度统计，从“政策总量”这一列的情况可以看出土地政策效力在不断增加。

表 2-6 1983~2015 年与湖北省战略性新兴产业相关的土地政策

年份	法规	国务院规范性文件	部门规范性文件	地方规范性文件	政策总量
1983	A	2B			A+2B
1985			C		C
1986	A	B			A+B
1987			2C		2C
1988	A		4C		A+4C
1989		2B	2C		2B +2C
1990	A		C		A+C
1991			C		C
1992	2A		2C		2A +2C
1993	A	B			A + B
1995	A				A
1997			C		C
1998	A		5C		A+5C
1999		B	7C		B+7C
2000		B	3C		B+3C
2001	A	B	5C		A+B+5C
2002	A	5B			A+5B
2003		2B	10C		2B+10C
2004		2B	7C	D	2B+7C+D
2005			5C		5C
2006	A	2B	7C		A+2B+7C
2007		B	7C	5D	B+7C+5D
2008		B	6C	3D	B+6C+3D
2009	2A	B	11C	4D	2A+B+11C+4D
2010			4C	5D	4C+5D
2011	3A		7C	3D	3A+7C+3D
2012		B	6C	3D	B+6C+3D
2013	A		2C	7D	A+2C+7D
2014	2A		3C	5D	2A+3C+5D
2015	A		2C	3D	A+2C+3D

注：1984 年、1994 年和 1996 年无相关政策出台

综上，湖北省战略性新兴产业发展相关土地政策的历史演变过程可分为三个阶段。

（1）政策发展阶段：1983~1999 年，战略性新兴产业发展工作开始启动部署，多部门相继制定税务、金融等各类政策，但在政策数量上处于平稳状态，无突破性增长。

（2）政策加速阶段：2000~2006 年，湖北省出台的地方性政策文件较少，仅有一项，但财政、税务、工商、外事等部门，相继围绕战略性新兴产业发展制定出台相关政策，所以部门规范性文件政策数量增多，它们协同国务院规范性文件对战略性新兴产业发展进行政策指导。

（3）政策密集阶段：2007~2015 年，部门规范性文件和地方规范性文件数量较上一阶段更为密集，湖北多地在这一阶段中相继出台了较多的关于促进产业集聚发展、加快战略性新兴产业建设的政策文件，同时国务院也出台了针对战略性新兴产业发展的用地政策意见，对加快培育发展战略性新兴产业提出了明确的方针和发展方向。

例如，2007 年 11 月 7 日，湖北省人民政府出台了《湖北省人民政府关于促进产业集群发展的意见》，确立了湖北省产业集群化发展的重要意义，明确指出国土资源部门要依据国家有关政策，积极争取用地指标，对有发展前景的产业集群予以重点支持。2010 年 9 月 9 日，湖北省委、湖北省人民政府发布《中共湖北省委 湖北省人民政府关于加快培育战略性新兴产业的若干意见》，指出要组织实施战略性新兴产业发展重大工程，包括产业群集聚工程。该意见指出“着力抓好武汉综合性国家高技术产业基地和光电子、生物产业、信息产业三个专业性国家高技术产业基地建设”，“着力加快东湖国家自主创新示范区建设，推动高新区转型升级，在已形成一定产业规模和优势、具备一定创新能力的地区，加快布局若干各具特色的省级新兴产业特色基地（园区）”。又如，2012 年 5 月 9 日，湖北省人民政府印发《湖北省战略性新兴产业发展“十二五”规划》，强调要针对战略性新兴产业的细分领域，规划发展专业园区，打造区域特色产业集群。2015 年 8 月，《中共宜昌市委、宜昌市人民政府关于加快培育和发展战略性新兴产业的意见》出台，要求大力落实战略性新兴产业重点项目推进机制，及时研究解决土地、规划、环评、融资等项目前期及建设实施中的重大问题。

第 3 章　湖北省战略性新兴产业土地政策的传导机制

高效的土地政策传导机制和畅通的传导路径，是宏观调控中管理好土地并充分发挥调控效应的基本保证。我国战略性新兴产业发展多数处于培育和快速发展阶段，产业发展对资源、要素的投入需求依赖显著。作为市场稀缺资源，土地的投入是战略性新兴产业赖以发展的关键要素条件。我国城市土地一级市场中，政府是单一的供应方，垄断的供地主体及公有制的土地制度形式决定了土地供应的政策性，政府对于战略性新兴产业土地投入起到决定性作用，土地政策直接作用于战略性新兴产业的要素结构。市场机制是经济发展的重要调节器，但显然也存在着无法保证社会公平、无法实现社会目标等现实缺陷，甚至出现市场失灵的现象。必要的公共政策调控能够促进市场失灵的有效解决。本章在梳理战略性新兴产业土地政策类型特征的基础上，分析土地政策的传导过程。

3.1　战略性新兴产业土地政策的类型特征

国内学者关于土地政策的概念界定并没有达成统一认识，从现有研究来看，主要包括以下几个比较权威的界定。

《中国农业百科全书（农业经济卷）》将土地政策解释为：国家和政党为实现其所代表的阶级和社会集团在土地问题上的经济利益而规定的调整土地的所有、占有、使用、经营、管理等方面关系的行动准则。

《农业大词典》将土地政策定义为：国家根据一定时期内的政治和经济任务，在土地资源的开发、利用、治理、保护和管理方面规定的行动准则，它是处理土地关系中各种矛盾的主要调节手段，一般包括土地权属政策、土地金融政策和土地赋税政策等。

孟祥舟（2009）认为，土地政策是政党或政府在特定时期内为实现一定的政治、经济、文化和社会目标，所制定的用于规范和调整土地开发利用行为及在土地开发利用过程中所形成的各种社会关系的一系列法律、法规、办法、意见和规范性文件等的总称或抽象概括。

总体来看，大部分专家和学者认为，土地政策实施主体是政府，实施客体是宏观调控中出现的各种土地问题，且土地政策的实施具有一定的时间性。因此，土地政策是国家根据一定时期内的政治、经济任务和宏观调控目标，制定的关于土地资源的开发、利用、治理、保护和管理方面的行动准则和调控手段。

通过土地政策的制定、实施、调整和完善，运用土地利用规划、土地供应、土地价格、土地税收、土地金融、土地收益分配、土地储备、土地执法监管等行政手段和经济手段，辅之以法律手段和技术手段，对土地市场进行适时、合理、适度的干预，通过调节用地结构优化产业结构，促进经济增长方式的转变，最终为实现宏观经济长期稳定增长、社会可持续发展的目标服务。

土地政策的基本特点可以概括为：第一，它是一种政策，隶属于政策科学的范畴，因而政策科学的有关理论也适用于土地政策；第二，它强调调整人地关系是围绕着特定的经济社会利益进行的，反映了土地政策对土地的所有、占有、使用、收益、分配、经营、管理等方面的规范、约束与引导作用；第三，土地政策是为国家统治主体服务的；第四，土地政策的制定是为了通过科学利用土地实现经济社会发展的目标；第五，土地政策规范一切土地管理和利用的活动。

土地政策的基本功能是以政策为杠杆提高产能，对土地资源进行优化配置，以提高土地生产率。作为有序性、系统性的国家部门政策之一，土地政策包含了政策目标、政策工具等基本政策要素。

从政策目标来看，土地政策的最终目标在于：优化产业结构，实现各产业间的协调发展；保障区域结构的科学性、合理性，健康引导产业布局，保证区域内产业发展的活力；推动产业经济的增长，以土地资源的合理配置提高产业的生产力，确保经济运行的优良态势。

从政策工具来看，土地政策类目繁多，政策工具极为丰富，大致可以划分为三种政策工具，即经济工具、行政工具和法律工具，如图 3-1 所示。

土地政策促进战略性新兴产业发展的经济工具大体可分成两类：土地价格政策和土地税收政策。土地价格政策是政府制定的有关影响地价高低、地价走势方面的政策的总称。土地税收政策主要是针对土地及其附着物进行税收的经济手段，以土地税收的方式，可以避免土地投机、土地资源浪费等行为，是土地政策中的一种重要的经济调控手段。

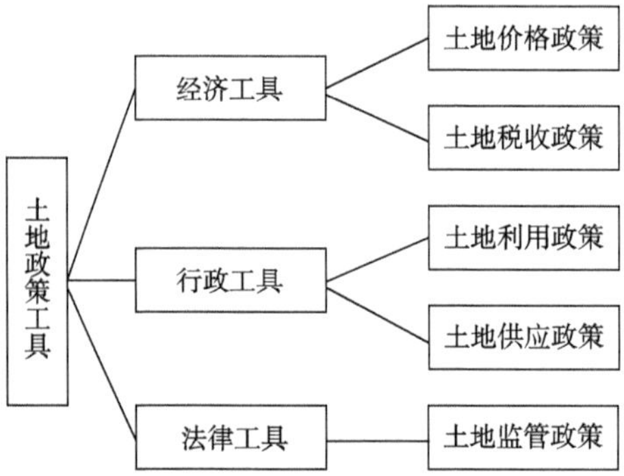

图 3-1　促进战略性新兴产业发展的土地政策工具

土地政策促进战略性新兴产业发展的行政工具大体可分为土地利用政策和土地供应政策。土地利用政策是政府为了土地资源合理和有效利用，根据法律规定调整土地利用方向、利用结构、利用方式和利用强度所采取的行政的、经济的、技术的（如计划和规划）手段的综合。土地供应政策是保障新兴产业发展差别化供地的重要行政手段，通过土地供应政策的制定和执行，可以支持战略性新兴产业用地，降低建设用地成本。

土地政策促进战略性新兴产业发展的法律工具主要是通过土地监管政策实施执行。土地监管政策是对土地经济和行政手段的进一步补充，保障土地资源在参与战略性新兴产业生产活动中的合理利用和规范管理，以杜绝土地违法利用行为，促进战略性新兴产业的良性发展。

3.1.1　土地价格政策

地租地价是土地经济问题研究的重要基础，现代地租地价理论主要包括两大流派：西方资本主义地租地价理论和马克思主义地租地价理论。两大理论既有针锋相对，也有相互继承，而我国地租地价理论以马克思主义地租地价理论为基础，充分吸收了西方资本主义地租地价理论研究成果，并结合我国实际情况发展而来。

西方资本主义地租地价历史悠久，早在1622年，英国著名古典政治经济学家威廉·配第就在其著作《赋税论》中提出地租概念，其认为地租是使用土地生产农作物之后所能够得到的剩余收入，同时他还提出了级差地租概念，为马克思主义级差地租理论奠定了基础，他还指出级差地租产生的原因在于土地自身的肥沃程度和距离。大卫·李嘉图在运用劳动价值理论的基础上，提出因土地肥沃程度和距离城市近远而产生级差地租，初步建立了级差地租体系，但是其存在的不足是否定了绝对地租的存在，并认为资本主义制度是永恒的，不会消灭，以上两人是古典地租理论的代表人物，古典地租理论多是对地租概念的描述和定义，马克思主义地租地价的理论是在批判和继承古典地租理论的基础上发展而来的。

马克思主义地租地价理论从劳动价值理论出发，揭示了资本主义地租是农业资本家获取剩余价值的主要形式。马克思主义地租地价理论的地租主要有以下几种形式：级差地租、绝对地租、垄断地租、建设地段地租和矿山地租，其中级差地租又分为级差地租Ⅰ和级差地租Ⅱ两种形式。级差地租Ⅰ是指由于土地自然条件和区位条件所产生的价值超过产品生产成本的那部分超额利润；级差地租Ⅱ是对同一地块追加投资而导致的劳动生产率的不同，级差地租Ⅱ由级差地租Ⅰ发展而来，级差地租Ⅰ是其基础。绝对地租是由马克思批判大卫·李嘉图的思想理论发展而来，是指土地所有者依靠对土地所有权的控制所取得的收益。但是其研究内容也存在缺陷，其研究主要是针对农地地租地价进行，缺乏对战略性新兴产业土地地租地价理论的系统研究。

一个城市的用地发展不仅要有科学的结构，还要有科学的布局。战略性新兴产业的空间分布具有地理惯性，一定区域空间范围内的产业区位一经选定，若再进行调整则将非常困难和复杂，因此，如何在不同战略性新兴产业之间合理分配土地，如何做到在战略性新兴产业初期对其空间布局进行合理设计等是亟待解决的问题。而地租地价理论是土地利用中最为基础和最不可缺少的理论支撑，不同类型的用地属性和用地价值随着其空间分布的差异而不同。战略性新兴产业用地也应遵循这个规律。不同类型的土地有其固有的自然属性和社会经济属性，因此土地属性就决定了城市每块土地的利用类型和利用价值及其利用规律，而根据这些规律制定合理的土地政策可以更有效地促进战略性新兴产业发展。

土地价格是土地经济作用的反映，在市场经济条件下，我国当前的土地价格政策对我国经济的发展起到了重要的宏观调控作用，土地价格的管理需要政府的参与执行，我国目前已有的地价管理政策包括出让地价政策、转让地价政策、公告地价政策等。

土地价格政策的目标主要体现为：一是稳定土地市场价格，避免地价过高或过低，使中小型企业更好地开展生产活动，降低战略性新兴产业发展的土地成本；二是通过合理的价格规划布局，避免土地资源浪费，实现土地资源的合理配置，保障战略性新兴产业发展；三是减少土地投机行为，保障土地使用者的合法权益。

土地价格政策对土地市场起到合理规范的作用。在产业化发展过程中，土地稀缺性日益增强，供需矛盾越发突出，从而导致地价和房价居高不下、囤地行为泛滥等问题产生。在土地自然流转的社会环境条件下，面对地租、地价高涨，以及囤地投机行为的泛滥现象，只有通过土地价格政策的经济工具进行调控，才能规范土地市场。同时，对战略性新兴产业的发展提供经济手段支持，减少中小型企业产业用地成本，促进战略性新兴产业生产发展活动的顺利进行。

3.1.2 土地税收政策

我国土地税收制度自古就有，当前土地税收是国家对土地所有者或使用者手中的土地获取部分土地收益的强制性手段。土地税收政策是我国土地政策中不可或缺的一种经济手段，土地的规范使用离不开土地价格的规范，需要土地税收政策在产业生产阶段、土地流转环节进行层层把控。只有在经济手段上实现良性循环，才能保障战略性新兴产业经济发展过程中的良性循环。而这样的经济调控手段，对于想要发展战略性新兴产业的中小型企业来说是非常有利的。

以亚当·斯密为代表的古典经济学家充分肯定了市场对资源配置的决定性作用，认为市场可以自主选择、决定经济的发展方向，政府和国家不应对经济运行实施干预，只要充分尊重个体的利益诉求，就能实现整个社会利益的增进。随着1929年全球经济危机爆发和凯恩斯主义的出现，对自由放任市场经济理论的质疑和反思逐步扩散，出现了对市场机制缺陷的长时间争论和探讨。市场机制实质上是一种生产和消费由市场中的个体（个人或企业）来决定的经济制度，它对于充分和完全竞争的市场来说，往往是奏效的。当经济出现大面积困难或者某些特殊资源依靠市场无法解决优化配置的时候（即出现市场失灵的情况），市场将不再能够有效配置资源，而需要借助外力介入来调控以实现市场的有效和经济的稳定。凯恩斯主张完全摒弃自由市场的理论，强调政府干预的重要性，认为国家应该积极主动地介入和干预宏观经济的运转，通过制定和实施一系列的财政政策主导经济的运行。凯恩斯主义在理论上解决了市场失灵，但在实际的运作过程中并不能完全解决供需失衡及经济滞胀的难题。

萨缪尔森综合了古典经济学说和凯恩斯主义，提出了一种新的思想，即市场机制和政府干预同等重要。在此理论基础上逐渐形成了宏观市场管理理论，该理论认为，市场机制能够对完备市场环境下的供需关系、价格等做出控制，但由于市场并非完全竞争的，某些资源也非完全自由交易的市场商品，政府在市场解决了一些基本问题之后，应该积极介入，对一些生产和消费等问题进行干预，从而避免市场失灵的危害。很显然，这种混合理论相对来说更符合现实中市场经济的情况。

市场失灵是指市场在分配商品和劳务时缺乏效率或失去效率，即在经济资源的配置过程中，生产者不能够以最低的生产成本去生产社会最需要的产品，不能以最低的生产成本生产出最优的产量。西方经济学家经过长时间的研究，形成了市场失灵理论。

市场失灵主要原因包括三方面。一是公共物品存在非排他性和非竞争性。非竞争性是指一个人对公共物品的使用不影响其他人。非排他性是指公共物品无须付费。这两个特征决定了在对公共物品进行分配时市场会出现失灵。二是垄断使市场的资源配置缺乏效率。当出现垄断时，很多行业和市场都被少数垄断或寡头企业控制，操控资源的配置，使市场无法对资源进行有效配置，市场竞争不再是完全的状态，此时就需要政府对企业的市场结构进行干预。三是外部影响。当交易对除交易双方之外的人产生影响时，就是外部影响。外部影响可能是正的，也可能是负的，因为总的效益与交易双方得到的效益不同，就会导致市场失灵。因此，政府部门在必要时应及时实施产业政策，发挥政府这只“看得见的手”的职能来弥补市场机制运行中存在的缺陷。然而，詹姆斯・布坎南指出，市场失灵这一现象并不是政府部门可以干预经济的充分必要条件，但是市场失灵现象的存在却为政府部门采取某种行动以改进资源配置效率提供了正当理由。

当战略性新兴产业存在市场失灵时，政府要对战略性新兴产业的发展进行适当的干预，在激励战略性新兴产业的发展时，要综合考虑社会效益，对研发活动的外溢通过土地政策的优惠支持进行弥补，政府应该充分考虑战略性新兴产业的土地利用效率，并考虑到环境效益的问题，使生态效益得到最大限度的发挥。发展战略性新兴产业中技术的创新性与复杂性，使得所需的技术和知识体系纷繁复杂，单个创新主体难以独自承担共性技术的研发任务，需要同性企业之间的合作，从而建立一个技术完善的工业网络，实现知识、信息和资源整合、配置、优化和扩散的高效率。但是，各个区域之间难以实现产业之间的集聚，从而引起了技术合作创新利用规模经济和范围经济上的失灵，从而加剧供给低效的市场失灵状态，而政府出台相应的土地税收政策，能合理安排产业集聚，从而促进战略性新兴产业发展，减少市场失灵现象。

土地税收政策运用税收杠杆对产业用地进行调整，一方面，可以合理引导土地利用方向，令战略性新兴产业的企业节约、集约利用土地，促进土地资源的合理利用，化解用地供需矛盾；另一方面，能够调节土地收益分配。税收政策具有灵活性，对于产业用地层级划分、公平税负、提高土地使用效益、降低中小型企业发展成本具有重要作用。除此之外，土地税收政策还能保障国家的财政收入。税收是国家财政收入的重要来源，无论是土地交易环节还是土地使用环节，不同的税源对于增加地方财政收入、保障战略性新兴产业发展都具有重要意义。

3.1.3　土地利用政策

产业聚集理论围绕着产业发展过程，其研究对象是在地理空间上呈现集中、密集分布的企业群体，其研究基础是企业群体之间存在互为补充、互相联系、互相竞争的关系。国内研究者提出关于产业聚集的理论，主要从外部经济理论、产业区位理论、竞争优势理论、交易成本理论等不同的研究角度探讨产业集聚形成的原因及其发展机制。综合来看，大家普遍认可产业集聚的概念，即指处于特定地理区域或者领域内对集中的企业和其他机构之间由于存在共性、差异和互补性，从而形成的互相联系、互相竞争、互相合作、互相促进的产业集群。

国外学者对于产业集聚理论的界定并没有一个统一的标准，因此，产业集聚理论也是一个不断发展的过程。

新古典经济学家阿尔弗雷德·马歇尔认为，产业在特定地区的集聚可以形成外部规模经济，而外部规模经济来源于劳动市场共享、投入共享和技术溢出三个方面。劳动市场共享是导致经济活动集聚的基本因素，这可以从劳动的需求和供给两方面来理解：在集聚区内，厂商能很方便地找到其所需要的具有特殊技能的工人，同时，寻找职业的人也能很容易地找到需要他们的厂商。对专门劳动的需求与供给在一定程度上促进了产业在地理上的聚集。投入共享能促进辅助性行业的成长。辅助性行业的产生，能为主导产业供给工具和原料，同时，辅助行业能不断使用具有高度专门性质的机械，为许多邻近厂商服务，有利于主导产业和辅助行业的发展。技术溢出是产业集聚的第三个重要原因。马歇尔认为，产业集聚于特定地区有利于新主意、新知识和新技能在企业之间传播和应用，因为信息在当地流动比远距离流动更容易。马歇尔的论述虽然没有建立今天的经济学家常用的理论模型，也没有运用一些实证检验方法，但是，他对产业聚集现象做出的分析是精辟的和较为深刻的，其中一些重要的研究结论一直是后人研究该问题的理论基础。

德国经济学家和社会学家阿尔弗雷德·韦伯在《工业区位论》中提出工业区位理论，这标志着经济区位理论的基本成熟，同时，《工业区位论》也是集聚经济理论在历史上的一部重要著作。受到冯·杜能的农业区位理论的启发，韦伯从工业经济活动与区位之间的关系入手，建立了工业区位理论。韦伯认为，工业区位受两类因素影响。第一类是影响工业分布于各个区域的“区域性因素”；第二类是在工业区域分布的过程中，使工业集中在某一地点而不是均匀分布的“集聚因素”。韦伯认为，影响工业区位的区域性因素，主要是运输成本和劳动力成本，这两种成本分别产生运输指向和劳动力指向的效果，影响工业区位的决定。他首先提出了著名的运输成本指向原理，假设在不存在其他影响工业区位的因素时，制造业将被吸引到那些具有最低运输成本的地方，既要顾及消费地，又要顾及原料地。在此基础上韦伯又提出了劳动力成本指向原理，即制造业将被吸引到劳动力成本较低的地方。只有当劳动力成本的节约大于运输成本的增量时，受运输成本指向原理的影响，确定的厂商区位才能发生改变。相对于运输成本与劳动力成本而言，韦伯认为集聚因素对厂商选择区位更加重要，因为与各自分散相比，多个厂商集聚在一起能给各个厂商带来更多的收益或节省更多的成本，成本节约主要来源于集聚导致的批量购买和出售规模的扩大，以及某些经常性开支成本的节约。韦伯的贡献在于对工业地理集中的原因做了深入的研究，首次建立了有关集聚的概念和一套规则，并较为系统地阐述了集聚因素是如何导致工业集中的。他的学说在区位理论中具有极其重要的地位，为后来区位理论的发展奠定了基础。但是，韦伯的工业区位理论也存在一些不足或缺陷。第一，关于区位指向规律的实用性问题。韦伯自认为他的工业区位理论不受社会制度、历史和文化等因素的影响，是一种适应一切制度的“纯理论”。显然，工业区位选择的规律不是“纯”的，而是受到资源、能源及其他因素的影响，这些影响降低了该规律的适用性。第二，关于韦伯工业区位理论的理论基础问题。一些学者认为，韦伯的工业区位理论只是就生产过程本身讨论的，缺乏一般的经济理论基础，因而不具有普遍的经济意义。

与国外研究相比，国内对产业集聚的研究起步较晚，关于这一主题的系统性研究始于 20 世纪 90 年代，当时的研究视角主要集中在产业集聚的概念介绍、形成机理及其原因等方面。

仇保兴（1999）在其著作《小企业集群研究》中，比较系统地研究了小企业在特定地点集聚的一些特征，并对小企业集群形成的原因及其演变做了分析。他认为，企业集群是介于层级组织与市场组织之间的一种中间性组织，并把企业集群定义为一群自主独立而又相互关联的企业依据专业化分工和协作建立起来的一种中间性组织，其作用是能有效克服内部组织失灵和市场失灵。

王缉慈（2001）在其著作《创新的空间：企业集群与区域发展》中，系统介绍了国外产业集聚理论的研究成果。他结合区域研究和区域发展的现实，对国内外企业集群的典型案例做了较为细致的分析比较，认为培育区域特色产业、发展专业化产业区是提高区域产业竞争力的关键；对影响我国区域发展的传统区域发展理论进行了反思，并在此基础上提出了区域发展的政策建议，即应该发展企业集群，营造区域创新环境，走多样化、具有特色的区域发展道路。金祥荣和朱希伟（2002）认为，专业化产业区内的集聚力量来源于产品差别、集体学习和相互依赖，产业特定性要素在特定地理空间的大规模集聚解释了专业化产业区的起源与演化，并用数量模型分析和论证了产业集聚的内在机制和动力。

朱英明（2003）对国内外产业集聚理论进行了研究与述评，并研究了产业集聚对创新和学习的影响及产业集聚与区域发展的关系。徐康宁（2001）在对产业集聚的相关概念进行界定的基础上，从自然禀赋、专业分工、外来投资和制度变迁等几个方面重点研究了产业集聚形成的原因，同时，还对产业集聚的经济绩效，即产业集聚对区域竞争力的影响进行了深入的研究。

因此，产业集聚的特征主要体现在四个方面。

1. 空间集聚性

产业集聚的现象在现实中非常普遍，它最外在的表现就是某一类产业或几类产业在一定地理空间范围内集中分布。从空间的角度看，这些大量的企业、产业集聚在一起，占用较大面积的土地，但是土地的集约化程度较高。这些集聚在一起的企业同时也吸引了与之相关的产品销售、零部件供应、机器设备供应及金融机构等服务产业的空间集聚。各类产业之间专业化分工明确，信息共享，文化融合。

魏守华等（2002）在欧洲各工业区所做的实际调查表明，产业集聚区内企业总体上相距千米，而且大约每平方千米便有一家企业。集群内聚集大量企业，单位土地面积产值较高。可见，空间上产业的集聚是产业集聚的外在表现形式，也是首要的、基本的特征。

2. 柔性专业化

产业集聚区域的企业相互之间一般不会毫不相干，它们之间或者同属于一个相同的特定产业，或者处于同一条产业链的不同节点，互相构成上下游产业的关系。因此，产业集聚区域的企业相互关联性比较强，它们有着明确的产业分工，各自有自己专业化的领域，企业和企业之间、企业与研究机构之间也存在紧密的合作关系。

国内外大量的工业园区的实践表明，只有大量的彼此相互有很强的专业分工和合作关系的企业在空间上集中，才会增加产业集聚的稳定性，降低产业集聚区企业间的交易费用，实现产业集聚区域的规模经济和范围经济。本书将这种企业间的柔性合作称为柔性专业化。

3. 社会网络化

产业的空间集聚同时也是产业的文化集聚、思想集聚、信息集聚。因此，在空间上形成集聚的产业除了形成地理空间上这种“硬”的网络格局，还会形成产业间“软”的网络体系。这种网络体系覆盖到企业与企业之间、企业与政府之间、企业与中介机构之间、企业与员工之间等各个方面。这种关系网络有正式的也有非正式的，正式的网络关系主要表现为各行为主体以法律框架内的合同、协议等形式形成的关系。非正式的网络关系则表现为非法律意义上的、非合同意义上的、相对稳定的社会稳定关系，这种关系网络更多的是文化的、资本的、知识的和信息的。产业集聚过程中形成的这种非正式的社会网络加固了产业间的关联性和集聚区域的稳定性，如美国的硅谷、中国北京的中关村等区域所形成的人与人之间的沟通文化就属于该类网络关系。

4. 根植性

由于存在空间上的集聚性和社会网络的关联性，一旦形成产业集聚区域，企业与企业之间、人与人之间就都形成了稳定的本地联系，这种联系主要体现在经济、政治、文化、社会各个方面，这种稳定状态即根植性的表现。这种根植性一方面使得产业集聚区内企业之间、人员之间相互信任，相互分享信息、知识，相互合作，使得区域内社会关系变得非常稳定。另一方面，这种根植性也会强化产业集聚的空间惯性，亦即区域内集聚的产业如果没有什么特殊力量推动，很难离开这个集聚区域而去寻找其他的产业集聚区。

目前，我国战略性新兴产业规模发展偏小，一些战略性新兴产业占全部工业产值的比重虽有所上升，但远未形成支柱产业，产业链也不够完整，支撑力不足。同时，产业布局“碎片化”、规划协调不足，产业基地内空间布局分散，发展缺乏主线，基地建设与区域资源禀赋、区域优势、产业基础、制度环境等不完全契合。产业集聚理论可以有效地帮助我们制定合理的土地利用政策，从而实现集聚的外部经济性效应，达到交易费用降低、实现规模效益、获得新的竞争优势的目的。

土地利用政策是影响战略性新兴产业发展的基本政策工具，主要通过土地利用规划的制定和执行来调整土地的供应和管理，着眼于产业未来的长远发展，预测土地利用强度，合理分配土地权利，从权利、供应、经济、法制监管等多个角度对战略性新兴产业进行引导和空间布局，从而实现产业集聚。土地利用政策多从土地利用规划角度着手，土地利用规划是对产业用地的结构和布局进行调整和优化的长远计划。政府部门需要根据当地土地资源的利用情况，结合以往土地开发利用的特点和规律，制定适应产业发展需要的土地利用管理措施。

土地利用规划一般分为两种。一是土地利用总体规划。土地利用总体规划是在一定的范围内，根据该区域的产业发展需求，结合资源、经济、技术等社会条件，对不同种类的土地利用进行协调及安排。因此，依据土地利用总体规划编制的规则，制定科学权威的政策法规和技术规范是极其必要的。二是土地利用年度规划。土地利用年度规划往往是在省、市范围内进行统筹规划，依据地方土地利用制度，进行土地用途的管制和土地指标分配，依照国家土地政策严格规划各项战略性新兴产业发展的建设用地，引导战略性新兴产业经济活动实现产业集聚，满足战略性新兴产业年度用地的合理需求。

3.1.4　土地供应政策

资源优化配置已成为马克思主义经济学和西方古典政治经济学研究的重点，

马克思主义经济学认为资源的稀缺性可以通过资源优化配置来调节，并从社会劳动概念出发，以提高劳动生产率达到对资源的优化配置。西方古典政治经济学以资源稀缺为出发点，通过资源优化配置使资源发挥最大效用，其强调市场在资源优化配置过程中发挥着主要作用，二者更多的是强调资源优化配置的目标是使稀缺的资源发挥最大效用，增加最大的物质财富。而现代经济学对资源优化配置的目标进行了深化，引入了健康科学的经济发展模式——可持续发展。

资源优化配置应达到经济、生态、社会效益的统一。经济效益是指资源在开发利用过程中产生的物质财富，资源的开发利用推动着社会进步和发展，但是在开发过程中也对生态环境或多或少地造成破坏。而经济发展的最终目标是社会的发展和进步及生态环境的改善，因此，资源优化配置不仅应该注重对经济效益的关注，还应该关注社会效益和生态效益的提高。

资源优化配置的代内公平是强调人类在资源开发利用、分配、保护方面权利和义务的对等，要求在资源开发利用过程中，处理好整体利益与局部利益的统一，这是解决资源优化配置代内公平的关键所在。代内公平主要可以分为区内公平和区际公平，地区内部和地区之间由于资源禀赋和区位条件发展有所不同，经济发达程度也就不同，发达地区可以凭借自身的经济优势来牺牲欠发达地区的资源及生态利益，从而保证自身发展。这种资源的配置的确能产生巨大的经济效益，却没有实现代内公平，会加剧欠发达地区经济的落后，因此，资源的优化配置应该着重考虑如何解决地区间利益不公平的问题。

资源优化配置的代际公平是对代内公平的深化，代际公平是指当代人在满足自身发展需求的同时应该保证后代人生存和发展需要的资源。人类在开发和利用资源的过程中只重视眼前的经济利益，对自然资源大加开发，导致资源浪费严重，缺乏对长远利益的重视，资源配置的代际公平要求人类对资源的开发利用应具有前瞻性和预见性。

利用资源优化配置理论，根据战略性新兴产业的特征、用地需求等来合理配置土地资源，使每一块土地达到效率最大化。同时，由于土地资源的不可再生性，利用资源优化配置理论也可以保障土地资源的可持续利用，这样才可以更长远地促进战略性新兴产业发展。

土地供应方式主要有三种。一是协议出让。政府与土地使用者以一种书面协议的方式签订土地使用权出让合同，使用者交纳相应的出让金，即可使用一定年限的土地资源，这是一种较为特殊的土地供应方式。二是招标、拍卖、挂牌出让。在2007年9月公布的《招标拍卖挂牌出让国有建设用地使用权规定》中明确指出，经营性用地以及同一宗地有两个以上意向用地者的，应当以招标、拍卖或者挂牌方式出让。在当前土地资源稀缺，战略性新兴产业用地供不应求的情况下，这种土地供应方式更为常见。三是协议租赁。与协议出让方式不同，国有土地租赁方式是由使用者与县级以上的政府土地管理部门签订一定年限的租赁合同，支付的是租金，而非出让金，是协议出让方式的补充。

差别化的土地供应方式能够应对战略性新兴产业的多元化发展。首先，差别化的土地供应政策可有效地发挥对不同产业的调控作用，只有对战略性新兴产业的用地给予支持和对传统耗地产业进行限制，才能实现产业结构合理化，满足当前大力发展战略性新兴产业的社会发展需求。其次，协议出让和招标、拍卖、挂牌等方式也能保证土地供应过程的公平、公正，避免土地市场管理混乱，明确供地主体和客体，促进战略性新兴产业优化布局、快速发展。

土地供应要满足有效、有序的要求，就需要制定并遵循土地供应的程序步骤。有限的土地作为生产、生活要素基础，是战略性新兴产业谋求发展的基本载体，任何事物要获得循环有序的发展就必须提高程序的合理性和高效性。

从合理性角度分析，土地供应要遵循用地规律，保障土地资源合理分配，则安排好土地供应程序是不可缺少的环节。在土地供应量一定的情况下，需根据不同产业的需求，调整各产业园区或各企业的用地先后顺序，在供地方向上要制定好优先级和供应规则，明确战略性新兴产业发展的层次和重点。要保证供地程序符合我国土地政策条例，符合当地产业规模需求安排，通过土地供应政策实时有序的调控，避免供地不足或土地闲置等土地供应失衡现象的产生。

从高效性角度分析，土地资源较为稀缺，而管理部门复杂繁多，除了增强各土地管理部门间的沟通，建立联动和信息共享机制以外，通过简化、优化战略性新兴产业供地程序的步骤，更有利于土地资源及时有效地投入战略性新兴产业生产活动中。只有产业用地的及时引进才能使后期的产业发展工作顺利开展，这种对于产业供地程序的高效性要求，是推进战略性新兴产业发展、优化战略性新兴产业结构、规范战略性新兴产业用地的基础。

3.1.5　土地监管政策

管理是人类的一种有意识、有目的、有组织的活动。土地管理从本质上讲，是占统治地位的阶级为确立和巩固与本阶级利益相一致的土地所有制，而调整土地关系等方面的综合性措施。我国现行土地管理制度的重要职能在于调整土地关系，协调并理顺土地收益分配关系，明确土地所有权和土地使用权的变更。因此，建立健全土地管理制度需要政府各部门间协调合作。牢牢把控土地规划、供应、税收等各个环节的管理工作，维护土地市场发展，发展国民经济，为战略性新兴产业的发展提供相应的管理保障和制度支持，是土地管理工作的重要内容。

国外对政府干预这一概念的界定是一个历史发展不断改变的过程，理论界一直存在关于政府是否应该干预“自由市场”的争论。

1776 年，亚当·斯密在《国富论》中首次提出“自由市场”的概念，古典经济学认为，自由市场是一种完全不受政府干预的市场，市场机制是一只“看不见的手”，政府在自由市场条件下的职能是十分有限的，主要的职能是提供公共产品和服务，不应涉及市场机制可以发挥作用的地方。

政府干预论发展于 20 世纪 30 年代，是凯恩斯主义的代表思想，其目的是弥补自由市场中的市场失灵问题。凯恩斯认为，经济危机的出现主要由于市场“有效需求”不足，并在 1926 年出版的《自由放任的终结》一书中阐述了自由放任的古典经济思想无法解决经济危机问题，恢复经济必须采取政府干预的方式。凯恩斯主义的兴起有效地刺激了美国经济的恢复和发展，拯救了当时陷于经济危机中的美国经济。之后，凯恩斯主义经过希克斯、萨缪尔森、汉森等对其理论体系的不断完善和丰富，在 20 世纪 70 年代的西方经济学界中占据了统治地位。

在其后的发展中，科斯认为，市场外部经济效应是相互的，政府为了优化资源配置，应采取的最重要的措施是明晰产权，而不是确定将产权给予哪一方。在社会公平维护领域，意大利经济学家帕累托创立了著名的“帕累托最优”理论，从优化交换和生产资源配置效率的角度评价和解释经济政策。美国经济学家卡尔多在帕累托的理论基础上，提出了“假想补偿原理”，认为收入分配必然会受到政策改变的影响，政府政策导致在某一个阶段使一些人受益而使另一些人受损，而在下一个阶段则可能是原来受益的人受损，原来受损的人受益，从而从较长的时间段来看，整个社会的总体福利是可以平衡的。

美国经济学家斯蒂格利茨在总结了“市场失灵”理论和“政府失灵”理论的基础上，提出了较为温和的国家干预理论。在他看来，因为各自的缺陷，市场与政府需要结合起来。一是政府需要对公共产品、外部性、垄断等市场失灵进行干预；二是需要采取措施加强竞争、适度分散政府功能、减弱政府的垄断作用，克服政府经济行为低效率，加强政府干预的积极作用。相对来看，斯蒂格利茨对于政府干预理论的总结与发挥是目前有关政府干预理论最客观、最丰富的诠释。

改革开放以来，我国经济发展的基础制度是社会主义市场经济制度。目前，我国不仅是一个以社会主义市场经济作为经济发展模式的国家，也是一个行政权力高度集中的国家，这决定了我国经济具有较强的干预能力。因此，相比其他国家，我国关于政府干预问题的研究更多，而我国学者关于政府干预的研究也大多表明政府干预手段在我国经济社会发展的许多领域是非常有效的。

赵锡斌等（1995）认为，政府干预包含了政府对契约自由的一切干预，政府干预就是政府为了重新分配利益而对法律法规进行修正的一种调节手段。

徐策和张伟超（2004）认为，政府干预必须积极转变政府职能，通过政府干预行为来降低市场失灵导致的负面效应；政府要做好公共物品的提供工作，建设好基础设施，建立良好的政治、经济、法律制度及具体的运行体制，降低市场的交易成本，为经济发展创造良好的硬件条件和软件条件。

政府干预理论认为在经济运行过程中，市场是进行资源配置的最有效手段。由于市场不是万能的，存在市场失灵的问题，当市场失灵时，政府应进行必要的干预，但政府也不是万能的，也存在政府失灵的问题，这就要求政府不能干预过度。政府和市场各有优势，通过二者的有效结合可以实现资源的有效配置。战略性新兴产业作为一种高风险、高投入产业，在代表国家经济核心竞争力的同时，由于土地所有权属于国家和集体，故战略性新兴产业的发展单靠市场的作用是不够的，更离不开政府的支持。

土地监督政策主要通过法律手段对土地关系进行利用和保护，以规范产业用地行为。通过评估、监察、执法等政策手段，严格执行土地法律法规，确保土地资源的合理利用，才能提高产业用地的发展质量。土地监督政策的存在可以减少产业违法用地情况的发生，在保护土地拥有者和使用者合法权益的同时，也保障了土地管理制度措施的执行，一定程度上破解了战略性新兴产业用地供需的矛盾。因此，规范土地监督政策能将土地资源效用最大化。

3.2　战略性新兴产业土地政策的传导过程

土地政策传导机制是指各级土地管理部门运用各种土地政策工具，通过直接或间接地调节土地市场供求关系，进而控制土地供应量和供应结构，使微观主体不断调整自己的经济行为，达到国民经济新的均衡的过程。简言之，土地政策传导是中央土地政策信号变化产生的脉冲所引起的经济过程中各中介变量的连锁反应，并最终引起实际经济变量反应的途径。

3.2.1　土地政策传导渠道

战略性新兴产业土地政策的传导过程主要包括经济变量传导过程和微观主体传导过程两个方面。经济变量传导过程可概括为：政策工具—操作目标—中间目标—最终目标。微观主体传导过程可概括为：由土地市场的参与者（微观主体）的行为选择变化改变经济变量来实现传导过程。按传导渠道划分，土地政策的传导机制主要有两大类：行政命令传导机制和市场传导机制。

行政命令传导机制是中央及各部委相关部门在制定支持战略性新兴产业发展的土地调控政策操作目标后，将政策工具以行政命令形式下达到省级层面，省级管理部门除了将少部分行政命令直接传递给经济主体外，将绝大部分行政命令再下达到地级管理部门，地级管理部门以同样的方式再下达到县级管理部门，县级管理部门通过市场化途径再传达到相关经济主体，形成中间目标；经过经济主体的操作，形成市场供应量，最后影响市场总供求关系，实现土地政策的最终目标（卢为民，2008），如图 3-2 中 A 所示。

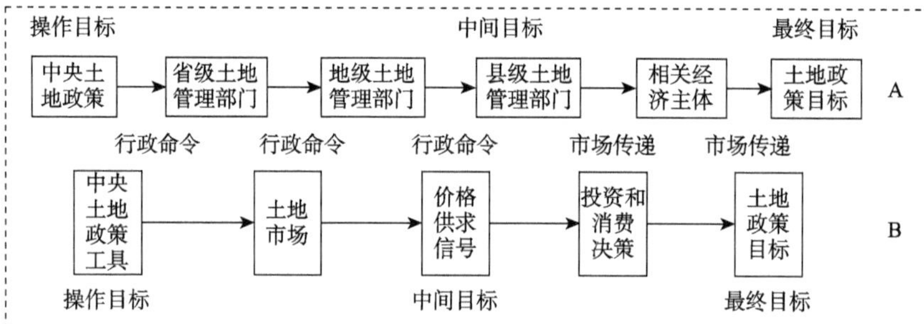

图 3-2　土地政策行政命令传导机制和市场传导机制

市场传导机制是指中央土地管理部门在制定土地调控政策的操作目标后，直接作用于土地市场，引起市场供求关系和地价等变量的变化，如图 3-2 中 B 所示。在土地市场机制的作用下，地价、供求关系等市场信号促使用地单位、个人等经济主体按照追求最大利润的原则，改变经营决策。经济主体针对这些变化了的价格信号和供求关系来调整自己的投资和消费决策，从而影响总供求，调整产业结构，促进战略性新兴产业发展，实现土地政策的最终目标。

3.2.2 土地政策传导路径

如果把战略性新兴产业土地政策从制定，执行，落实，完成一定的政治、经济任务的所有活动到评估反馈看成一个系统，则土地政策的构成要素可分解为土地政策主体、客体、介体、载体、政策环境。主体指参与制定和执行土地政策的成员或组织，如国务院、国家发展改革委和自然资源部等；客体指主体在政策调控活动中具体指向的对象，又分为宏观客体和微观客体两类，其中宏观客体特指社会生产活动的产业部门、社会部门，微观客体指社会生产活动的独立个体，如城乡居民家庭、公共机构、企事业单位等；介体指参与具体贯彻和执行土地政策的中间成员或组织，如各级地方政府、各级地方自然资源部门等；载体指负载政策内容的实物形态，即土地、土地计划、土地规划、土地税收等；政策环境指土地政策活动所处的各种政治、经济、社会环境，也包括财政政策、货币政策、产业政策、区域政策等其他政策环境。土地政策系统中联系主体和客体的所有渠道称为土地政策的传导路径（肖教燎，2010），如图 3-3 所示。

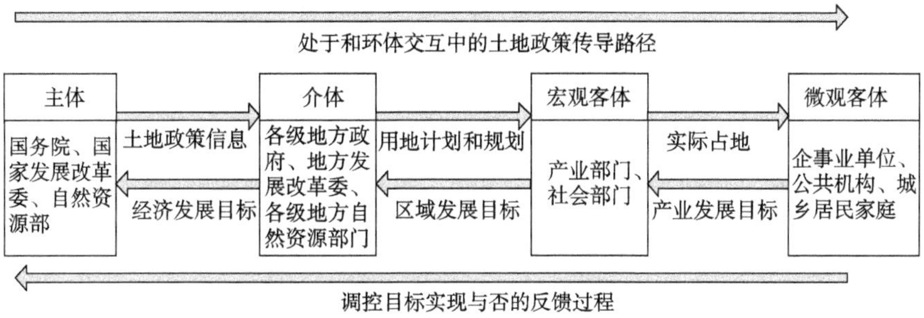

图 3-3　土地政策传导路径

土地政策工具的运用，就是要通过调整和约束土地供应数量、时序和结构，实现产业结构的合理布局，以及投资规模和结构的有效控制，从而促进产业结构升级和区域经济发展，达到促进战略性新兴产业发展的目的。在该政策目标下，土地政策传导路径可分成四个阶段。第一阶段是政策制定阶段，以国务院和自然资源部为代表的主体根据国家宏观背景和长远规划制定关于土地规划、计划、用途、出让、税赋和区域等纲领性政策文件并予以发布，由国务院、国家发展改革委和自然资源部门等政策介体接收政策指令信息。第二阶段是政策传达阶段，作为政策下行传导的中介组织，如各级地方政府和各级自然资源部门等，则负责自上而下解释、宣传、执行各项土地政策精神，并根据所在地国民经济和社会发展规划制定出更具操作性的条例、规定等政策细则，使指导性的政策具体为包括土地可获得数量、性质、用途、成本等内容的土地政策客体的用地计划。第三阶段是政策实施阶段，各地区、企事业单位根据自身需求将土地政策落实于具有一定规模和用途的实际土地，同时进行过程监管。第四阶段是政策实施后评估阶段，首先，微观客体运用所获土地来创造微观价值，推动各产业发展和个体财富的积累，其结果可以评判各大行业土地政策调控目标的实现程度，各行业发展结果汇聚成整个区域国民经济和社会发展状况，并衡量地方政府施行土地政策的效果；其次，集成各区域发展成果体现了整个国民经济增长和社会进步的大小，以此来检验主体制定土地政策的效果。

3.2.3　土地政策传导时滞

战略性新兴产业土地政策从前期制定到后期执行的过程，由于土地要素、媒介和目标在启动、运行和实施过程中相互关联、相互作用，在时间维度和层级维度上均会产生时滞，故可分为内部时滞和外部时滞两部分（尹锋，2007）。

土地政策的内部时滞主要发生在土地政策制定前期和中期，与政策制定部门和管理部门对经济形势发展、产业结构调整的预见能力、政策调研和制定的效率等有很大关系。土地政策的内部时滞主要分为两个阶段，一是政策制定部门和管理部门预见和察觉到经济形势和产业结构的变化，考虑是否需要制定相关土地政策参与调控，这个阶段会存在认识时滞。二是政策制定部门已针对性地展开调研，拟定出参与产业结构调整的若干具体土地政策，需经上级部门同意颁布后正式实施，这个阶段会存在行动时滞。因此，对于一个地区的战略性新兴产业土地政策需进行界定和提前谋划。

土地政策的外部时滞主要发生在土地政策制定后期，指政策制定部门和管理部门采取实际行动到产生预期效果为止的这段时间，又称影响时滞。政策制定者颁布政策文件后，下级部门学习文件精神，结合地方实际情况制定更具针对性和实践性的政策条例和办法，由相关部门具体组织落实。在土地政策层层传导和落实的过程中，可能存在信息不对称或政策制定者、政策执行者、政策作用对象之间的博弈行为，政策执行的实际效果与期望效果可能出现较大偏差。外部时滞主要由我国土地制度与土地市场的完善程度、土地政策的执行能力等因素决定。

3.2.4 土地政策传导溢出

土地政策传导中存在溢出效应，溢出效应亦称外部性或外部效应，主要是指个体经济行为人的活动能够对其他经济行为人的福利产生影响，而这种影响不是在以价格为基础的交换过程中产生的，因此其影响是外在的。外部性的概念源于剑桥学派的奠基者马歇尔的《经济学原理》，在这部书中，马歇尔提出了“外部经济”的概念。虽然这个概念在经济学领域中提到的历史较短，但它在经济学中具有重要意义。20 世纪初期，另一位著名的经济学家庇古对其老师马歇尔的理论进行研究之后，对外部性问题进行了进一步的探索和研究。庇古在其著作《福利经济学》中提出了“内部不经济”和“外部不经济”的概念，并从优化社会资源配置的角度，运用边际效应的方法，通过分析边际社会净产值和边际私人净产值的背离来阐述外部性，奠定了外部性理论的基础。

1. 马歇尔的外部性理论

1890 年，马歇尔在《经济学原理》一书中首次提出了“外部经济”的概念。大致内容如下：一个厂商的生产成本既取决于该工业的规模，也取决于各个厂商本身的规模。在分析这一问题时，马歇尔直接使用了“外部经济”的概念，为正确分析外部性问题奠定了基础。

2. 庇古的观点

1920 年，庇古在《价值与财富》一书中论述了外部性，认为“外部性造成了私人边际产品与社会边际产品之间的不一致”，并认为经济学家有责任解决这一问题。

在治理外部性的经济手段方面，庇古从“公共产品”问题入手，分析了厂商生产过程中社会成本与私人成本问题，认为两种成本的差异构成了外部性，从而提出了征收“庇古税”作为治理外部性的方法，因此，经济学上把征收“庇古税”以治理外部性的经济手段称为庇古手段。

3. 奈特的观点

1924 年，奈特在《社会成本解释中的一些错误》一文中对庇古外部性成本的计算提出了异议。奈特认为，庇古在计算平均成本时没有把土地的费用计算在内，而只是把可变生产要素的成本计算在内，这种方法是错误的。

其观点如下：由于土地是私有的，只有将地租计算在平均成本之内才能得出最优的产量。此外，对于“外部不经济”产生的原因，奈特提出了自己的观点。他认为，“外部不经济”源于对稀缺资源缺乏产权界定，若将稀缺资源划定为私人所有，则“外部不经济”将得以克服。

可见，奈特已注意到“外部不经济”产生的产权原因，开辟了研究“外部性”问题的新方向。

4. 科斯的外部性理论

1960 年，科斯发表了题为“社会成本问题”的论文。与庇古等所持观点不同，科斯认为外部性的产生并非市场运行的必然结果，而是由于产权界定不清，因此，有效产权制度的确立和实施可解决外部性问题。同时，他认为庇古在对外部经济进行治理时只对造成外部经济的一方进行限制是不对的，相反，双方都应当承担责任，只对一方进行限制，不利于该厂商的经营。

科斯将外部性与产权及制度变迁联系起来，将外部性引入制度分析之中，使人们对外部性问题有了全新的认识和更深刻的理解。但是，由于科斯的主要理论建立在较强的假定前提之下，而这些条件在现实中难以满足，其理论难以成为政策依据。尽管如此，他提出的通过确立产权以消除外部性的思想对于解决环境问题仍具重要意义。

5. 米德的观点

1962 年，米德发表了《竞争状态下的外部经济和外部不经济》，全面分析了生产上的外部经济和外部不经济，他将外部经济产生的原因分为两种情况。一是无偿生产要素的作用。他以苹果园和养蜂场为例，认为苹果园面积的增加可以使养蜂场的蜂蜜产量增加，但是养蜂场不必为蜂蜜的增加向苹果园支付费用。对这类外部性调整的方式有：对养蜂场进行课税，补贴给苹果园；对养蜂场增加的产量课税，用税金来补偿苹果园增产的生产要素的投入；将养蜂场和苹果园联合起来经营。二是环境的影响。环境对于企业具有有利或者不利的影响，如林场林业的发展可以使雨水增加，从而增加小麦的产量。

战略性新兴产业土地政策具有溢出效应的一个原因是存在赶超战略。赶超战略是指相对落后的国家通过开发自己的技术，并通过吸收、选择、改进发达国家积累的技术知识，来进行赶超。而赶超所需要开发的技术具有外部性，即私人收益小于社会总收益，所以政府应对技术开发、研发机构提供政策上的支持和优惠，才能实施赶超战略，进而利用发达国家的技术知识，促进战略性新兴产业发展。

战略性新兴产业具有溢出效应的另一个原因在于战略性新兴产业存在很强的关联性、渗透性，需要地区之间、内部之间协调发展，故社会总收益会大于各个地区收益之和，即这种协调发展战略性新兴产业的方式也存在着外部性。因此，需要政府通过实行土地政策促进区域战略性新兴产业的发展，根据各个产业的特点，因地制宜地提供土地扶持政策，更好地促进战略性新兴产业的发展。

第 4 章　湖北省战略性新兴产业土地政策的作用机理

从战略高度和全局范围内协调衔接地方与中央政策措施的关系，调动和发挥地方政府推动区域战略性新兴产业发展的积极性，形成各层级纵向与横向分工合作的土地政策体系，是发展战略性新兴产业战略中土地政策发挥作用的重要一环。本章以湖北省为例，在厘清湖北省战略性新兴产业用地状况的基础上，分析土地政策对战略性新兴产业发展的作用机理。

4.1　湖北省战略性新兴产业的用地特征

湖北省人民政府着力推进开发区产业结构调整，并且重点培育智能装备、新材料、生物医药、通信导航、航天航空、新能源等新兴产业，计划到“十三五”末，使开发区成为引领湖北省转型升级创新发展的示范区。根据表 4-1，2016 年湖北省开发区实际占地面积比 2015 年增幅达 10%，而其中高新技术企业数量增加最为明显，达到 24.3%，是外商投资企业数量增幅的 2 倍左右。显然，湖北省对于战略性新兴产业用地的保障力度很可观。

表 4-1　2016 年湖北省开发区经济发展基本情况

指标	2015 年	2016 年	增幅
开发区批准规划面积/平方千米	5 396.74	5 649.30	4.7%
开发区实际占地面积/平方千米	2 320.12	2 552.67	10.0%
企业个数/个	127 636.00	167 696.00	31.4%
工业企业/个	31 657.00	37 311.00	17.9%
规模以上工业企业/个	10 182.00	10 921.00	7.3%
高新技术企业/个	3 241.00	4 029.00	24.3%
外商投资企业/个	1 692.00	1 914.00	13.1%

任何产业的建立和发展都需要土地、资本和劳动力这三大要素。劳动力要素及资本要素都具有流动性、可变性，而土地要素会随着经济的发展、人口数量的增加而不断减少，具有不可再生的特性。因此，缓解土地资源紧张最好的办法是尽最大可能提高土地的利用效率。湖北省战略性新兴产业的用地特征主要体现在供需、布局、利用和管理等方面。

4.1.1 供需特征

首先，没有针对性的供地规章。我国在“十二五”国家战略性新兴产业发展规划中确立的新兴产业主要有七大类，不同产业的用地需求不同，而当前我国没有划分出战略性新兴产业的供地类型，工业园区的开发和企业集聚发展不易进行，土地开发的滞后会使得产业发展滞后。同时，一些传统企业想要转型升级进行战略性新兴产业的开发研究往往需要用地方面的扩张，若没有专门针对战略性新兴产业的供地制度，则会增加企业的用地成本，不利于中小型企业发展战略性新兴产业。

其次，土地供需不平衡。湖北省战略性新兴产业正处于快速发展阶段，产业用地急剧增加，而土地资源却非常紧缺。虽然《国土资源部 发展改革委 科技部 工业和信息化部 住房城乡建设部 商务部关于支持新产业新业态发展促进大众创业万众创新用地的意见》已明确提出“各地可结合地方实际，确定当地重点发展的新产业，优先安排用地供应。对新产业发展快、用地集约且需求大的地区，可适度增加年度新增建设用地指标”等指导意见，但战略性新兴产业与传统产业有所区别，决定了发展战略性新兴产业无法依照传统产业的用地规律进行土地供给，需要经过一定的缓冲阶段。而且，土地资源不像劳动力资源和资本一样具有流动性和可变性，从而使得用地指标无法快速地满足战略性新兴产业的土地资源需求。

产业用地供给紧张的同时，企业用地需求也在增强，供给制度的难以跟进加剧了战略性新兴产业用地供需方面的矛盾。不同的战略性新兴产业有不同的供地规律，也有不同的用地需求，战略性新兴产业的战略性和阶段性特点也使得用地期限不易确定，未来用地需求难以把握，无法像传统企业一样进行用地标准的量化，产业用地需求大和未来需求的难以掌控也是限制战略性新兴产业发展的又一问题。

最后，审批程序复杂。我国土地审批程序复杂，往往要经过申请、填审批表、委托、勘察、办理用地手续及审查等九个办事程序，需要花费较长的时间和精力，不利于战略性新兴产业的发展。一些急于开展战略性新兴产业项目的企业很有可能因为手续复杂不能及时“落地生根”而影响战略性新兴产业项目的开展，可能落后于人，无法抢占先机，不利于产业发展。

4.1.2　布局特征

从区域层面来看，战略性新兴产业是依托高技术和高科技发展起来的新兴产业，需要在人力资源、科技信息、战略地位等方面都有很强的优势，而高新技术产业开发区是战略性新兴产业集聚发展的重要平台，战略性新兴产业的发展离不开高新技术开发区的依托。高新技术企业设立在这些地方，可以更好地利用资源和信息。

截至 2016 年底，湖北省共建有高新技术产业开发区 28 个，其中，国家高新技术产业开发区 7 个，省级高新技术产业开发区 21 个[①]。湖北省战略性新兴产业主要分布在武汉、荆门、襄阳、孝感等地区，或是集聚在自然资源丰厚的地区，如电力资源丰厚的宜昌。湖北省战略性新兴产业分布如表 4-2 所示。

表 4-2　湖北省战略性新兴产业分布

战略性新兴产业类别	具体产业基地	分布地区
新一代信息技术产业	国家光电子信息产业基地	孝感、鄂州
	应用电子产业基地	宜昌、荆州、随州
高端装备制造业	智能装备产业基地	武汉、襄阳
	海洋工程装备产业基地	荆州
	航空航天产业基地	荆门、襄阳、武汉
新材料产业	储能材料基地	宜昌、随州
	新型冶金材料基地	黄石、武汉青山
	新型化工材料基地	宜昌、武汉阳逻
生物产业	国家生物产业基地/园	武汉、宜昌
	生物医药产业基地	天门、宜都、武穴、蕲春
	生物农业基地	襄阳、荆州、荆门
节能环保产业	节能环保装备产业基地	东湖
	大循环经济示范区	青山—阳逻—鄂州
	资源循环利用产业基地	宜昌、荆门、谷城
新能源产业	核电装备产业基地	阳逻、江夏
	新技术开发区	东湖
	光伏产业基地	宜昌、随州
	太阳能示范基地	黄石黄金山
	光热产业基地	鄂州

① 湖北省科技厅. 湖北 2016 科技统计数据手册（节选）. http://kjt.hubei.gov.cn/fbjd/xxgkml/sjfb/201706/t20170608_305001.shtml，2017-06-08.

续表

战略性新兴产业类别	具体产业基地	分布地区
新能源汽车产业	新能源汽车生产基地	武汉蔡甸
	新能源汽车整体和关键零部件产业基地	襄阳、十堰

高新技术开发区是战略性新兴产业集聚发展的重要区域，近些年湖北省高新技术开发区的发展无论在投入和产出上都处于一个上升的状态。截至2016年，湖北省所有的高新技术开发区中，规模较大、资源最好、发展最快的是被誉为“中国光谷”的武汉东湖新技术开发区。2014 年，高新区高新技术企业总收入达8 526 亿元，居全国第三位，总收入仅次于北京中关村科技园区和上海市张江高科技园区，与2010年武汉东湖新技术开发区2 926亿元的总收入相比增加了1.91倍，不仅摆脱了曾经滞后的脚步，同时也相应地带动了周边高新区产业的可持续发展。

纵观湖北省高新技术开发区的区域分布，103 个高新技术开发区的共同发展，构成湖北省沿长江、汉江串珠布局的高新技术产业发展带，形成多样化的战略性新兴产业竞相发展的格局。高新技术产业在经济发展中不断展现其重要作用，产业地位不断提升，在一定程度上表明湖北省战略性新兴产业的发展呈良好态势。

湖北省战略性新兴产业的布局特征表现为以下两方面。

第一，呈集聚化发展。战略性新兴产业是依托高技术和高科技发展起来的新兴产业，用地布局主要为组团集聚式园区的模式，往往设立在人力资源、科技信息、战略地位等方面有优势的地区，不仅能满足战略性新兴产业结构多样性的特点，还可以更好地利用资源和信息。以武汉市为例，东湖新技术开发区由多个科技园区组成，周边院校、研究所等学术力量是其科技发展与产业发展的重要基础，丰厚的科研资源和产业带相辅相成，为武汉市战略性新兴产业发展提供了技术支持和人才保障，呈现出产业和学术研究高度融合、利用各种优势资源发展的特点。

第二，环境要求多元化。高新技术产业园区大多集中在经济较为发达的城市，其规划布局可能突破原有的城市规划格局，城市经济的发展和社会分工的细化也对产业园区的土地利用和功能分区提出相应的要求，既要集中布局相关产业，又要对相应的硬件功能配套建设进行土地利用规划。战略性新兴产业的发展最重要的基础是高技术人才，因此，产业园区用地发展要求将科技研发、企业生产、服务活动等用地相互融合，多种用地类型协调布局，形成多元化的用地规划结构，构成多元化的工作环境和生活环境，在满足科研生产活动的同时，也要满足高端技术人才等劳动力的生活、娱乐需求，以更利于吸引人才资源，减少城市运营成本，发挥战略性新兴产业园区集聚效应的优势。

4.1.3　利用特征

一方面，土地利用粗放、闲置低效的现象依然存在。根据《中国国土资源统计年鉴》，2007~2015 年湖北省共有新增疑似闲置土地 2 231 宗，面积 13 181.27 公顷，节约、集约用地任重道远。生产、生活、生态用地结构失衡，有一部分可开发土地并未被及时开发利用，有一部分已开发的土地用地结构不尽合理，存在浪费土地资源的现象，工业用地所占比例较高，而且低效工业用地退出机制并不是十分完善，不仅直接导致战略性新兴产业可用土地资源减少，还阻碍了产业合理规划布局及有序发展。

另一方面，战略性新兴产业土地政策体系尚未形成。政府出台的各项政策较为零散，其存在的问题主要体现为：一是政策出台前后没有全方位详细的规划；二是土地供应缺乏统筹管理，未能深入指导不同类型企业用地的具体方案；三是后期监管力度不足，土地规范使用率欠督查；四是未能及时、准确地做出土地效应评估，还不能为战略性新兴产业的发展提供系统、合理的指导。在有多项政策的支持而尚无合理约束的情况下，部分地区低端环节产业链重复偏多，产能消耗率偏低，产业集群趋同化日益严重，对战略性新兴产业完善产业链、深入合作、协同发展等方面形成阻碍。

4.1.4　管理特征

第一，缺乏淘汰机制。战略性新兴产业发展是一个阶段化的过程，具有可变性和不确定性，内部因素和外部环境的影响很有可能导致产业发展失败。例如，一个企业决定发展战略性新兴产业，但是由于技术经验和产业研发周期不足，面临发展受阻和风险太大的难题而被市场淘汰，那么其战略性新兴产业的用地期限也应就此为止。然而，由于土地出让年限的限制或者一些企业并不愿意退出土地，用战略性新兴产业用地进行其他产业的生产活动，随意改变土地利用用途，不利于战略性新兴产业的土地节约利用。目前，我国高新技术产业园区中土地退出机制缺乏，市场机制将企业产业淘汰的同时，土地利用的转换没有及时跟上，是导致战略性新兴产业用地管理受到制约的重要原因。

第二，信息沟通不畅。在目前的土地管理机制下，从产业的入孵到产业孵化成功需要多个政府部门的共同管理，但各部门间往往存在着信息和沟通上的不足。政府各部门间联动机制较差，导致战略性新兴产业用地管理效率低下。因此，如何加强政府管理部门的信息沟通，建立健全产业用地管理平台，处理好土地管理部门内部的沟通和联系、分工和配合，加强部门间的联动，是战略性新兴产业用地高效化管理面临的又一问题。

4.2 湖北省战略性新兴产业土地政策的影响作用

4.2.1 土地政策与产业结构发展关系的理论分析

产业结构的发展呈现出一定的规律性。大量的理论研究表明，随着一国经济发展水平的提高，产业结构呈现从第一产业向第二产业转移、第二产业向第三产业转移的趋势。导致产业结构变动的因素可以归纳为两大方面。一是市场机制下的经济因素，如经济发展水平、自然资源禀赋、投资和就业结构、技术进步、对外贸易等。二是政府行为因素。政府行为一方面通过控制政府支出来影响对三次产业的投资，以及通过控制第三产业中非产出部门劳动者人数来影响劳动力在三次产业间的分布；另一方面，通过经济杠杆，如调整价格、税收、利率、利润、汇率等，来引导市场参数变化，推动主导产业的迅速生成，实现产业结构高度化。美国、日本、韩国、新加坡等国的产业结构演变历程也证明和支持了产业结构演变规律理论，同时也说明政府可以充分利用这些规律影响产业结构演变进程，实现产业结构的优化升级。其中，土地资源作为一项重要的自然资源，对产业结构发展升级起到了不可替代的作用。

我国学者在城市土地资源利用方面进行了大量有效的研究工作。

合理利用城市土地资源，要改革和完善现在与土地有关的税收制度，完善城市土地涉及的各种产权制度，对现有的税收制度和管理举措进行完善，充分发挥科学技术在土地利用中的潜力，做好土地储备工作，规划统筹好已用土地，用现代企业制度思想管理土地和经营土地。合理地规划和使用开发区土地资源，有效控制土地批准，让开发区成为城市经济的发动机。刘遵义（2002）认为，土地的开发利用，应该建立一个有效的价格调控机制，鼓励使用可以再生的土地资源，提高每一块土地的利用效率。我国对土地使用用途有明确的法律规定，要求在土地使用时，要考虑城市的土地密度问题。中国工程院原院长徐匡迪认为，应该降低单位面积消耗，优化已有产业构成，建设一个节约型的社会。

土地利用结构是产业结构布局与发展的基础，产业结构的变动将在土地利用结构上得到反映。许多学者对城市土地利用结构与产业结构之间的关系进行了研究，主要集中在产业结构升级、土地集约利用及二者的相互作用关系上。

刘平辉和郝晋珉（2003）以产业结构分类为基础，按土地利用所服务的产业部门的不同，提出了土地利用产业分类体系。该分类体系共分为 4 个层次，由 4 个土地利用类、13 个土地利用亚类、33 个土地利用级、129 个土地利用组构成。这一分类体系将新出现的复杂的土地利用类型按产业服务功能进行归类，运用土地经济学的理论基础，探讨了土地利用与产业发展的关系，分析了产业发展分化对土地利用分化的影响。明确了从社会历史发展的角度来看，土地利用分化是社会生产发展和产业分化的结果，土地利用与产业结构具有密切的联系，产业结构的发展变化是土地利用结构变化的直接动因。

顾湘（2007）通过面板数据分析和模型模拟，对我国东部地区、中部地区、西部地区三大产业用地和江苏省第二产业内部主要工业行业用地集约利用水平的状况进行了考察，认为产业结构与土地利用存在互动影响关系，随着产业结构不断调整，土地利用方式趋向从粗放转化为集约。同时，在经济规律的作用下，土地集约利用对区域产业结构调整具有反作用力。他还指出，土地集约利用政策设计是土地集约利用引导区域产业结构调整的实现途径，产业用地门槛是土地集约利用与区域产业结构调整相结合的政策创新。

刘海燕等（2008）借鉴土地集约利用的相关研究并结合海淀科技园区特征，从园区开发综合效益的视角构建海淀科技园区土地集约利用综合评价指标体系，将海淀科技园区中发展较为成熟并能获得数据资料的 5 个科技产业园用综合评价指标体系进行评价分析，并针对海淀科技园区土地集约利用评价分析，提出提高科技产业园区土地集约利用程度的建议和对策。

李培祥（2010）对 1987 年以来广东省城市三次产业结构演变情况进行了分析，同时考察了 1996~2006 年广东省城市用地结构变化，在此基础上指出用地结构与产业结构的同步增减趋势。城市产业结构是决定城市经济功能和城市性质的内在因素，产业结构的质态转变首先通过相应的土地利用变化得到反映。

孟媛等（2011）在对处于不同经济发展阶段的北京市 18 个区（县）进行考察后，指出产业结构调整是提升土地集约利用水平的主要途径，集约用地政策也是引导和约束产业结构调整的重要手段。土地和产业之间保持良好的协调关系，既有利于高效利用土地资源，也利于产业的健康发展。

白雪和文景瑜（2014）通过对东莞市 2005~2012 年产业结构和土地利用结构的数据及相关性的分析，指出产业集聚区建设与土地集约利用相结合是区域产业结构转型升级和集约高效利用土地的核心，也是实现跨越式发展的关键；应通过合理布局促进产业集群发展，充分实现规模经济和集聚经济。他们还指出，在严格控制建设用地规模的同时，制定具体的标准，对高污染、高耗能产业减少土地供应；对污染小、能耗低、技术含量高的新型产业应保证土地供应；产品结构老化、污染大、能耗大、市场竞争力不强的企业应为优势产业和新兴产业让出地理空间和环境空间。

张乐勤等（2014）通过对 1996~2011 年安徽省产业结构演进与城镇土地集约利用的测度与分析，指出产业结构的演进与优化影响城镇土地利用方式、投入强度、利用强度和空间布局，也影响土地资源的配置效率和利用效益，因而，产业结构调整与城镇土地集约利用存在着相互影响、互为依存的密切关系。

汤鹏主（2015）分析了农民的土地流转、政府创建产业园区和中小型企业转型成长之间的联动关系。他认为土地流转必然会使农村的土地、劳动力和资金等要素长期净流出和土地的集约化趋势越来越明显。一些流转了土地的农民开始在城市或是农村创办各种个体形式或是家庭形式的中小型企业，同时，凭借土地流转集聚的大量土地可以通过建立各种形式的工业园区或是经济园区来吸引城市中已经拥有一定规模的中小型企业，从而为中小型企业的转型成长提供保障。出台鼓励参与土地流转的农民进入产业园区创办中小型企业的相关扶持政策是建立这一联动机制的实现路径之一。

土地要素投入对产业经济发展起着不可替代的支撑作用。一些学者研究了我国土地投入与产业经济发展的关系。豆建民和汪增洋（2010）在对我国 234 个地级城市 1999~2006 年面板数据进行实证研究后，指出资本密度是影响城市土地产出率最重要的因素，资本对劳动的替代性造成就业密度对城市土地产出率的贡献很小，甚至为负；城市净集聚效应为负和资本劳动比不断攀升，说明城市资本投入是低效率的；扩大城市人口规模、控制城市用地面积、发展先进制造业有利于提高城市土地产出率，经济集聚和产业结构因素对不同规模和不同地区城市土地产出率的影响程度和作用方向具有显著差异。

张孝宇等（2011）以我国 35 个大中城市 1998~2007 年的 1 396 个样本数据为依据，利用 Cobb-Douglas（柯布–道格拉斯，C-D）模型和面板数据对土地供给与经济发展的相互关系进行量化研究，得出土地投入要素的增加量与产业增值具有正相关关系。在其他要素不变的条件下，建设用地面积每增加 1%，可拉动第二、三产业产值增长 0.416%。现阶段对第二、三产业经济起最主要作用的还是资本要素，但土地的推动作用也不容忽视。

在战略性新兴产业对经济增长的促进作用的研究上，国内学者较多采用定量分析方法，以某个特定的城市或地区为例分析土地利用与产业结构之间的关系。毛慧红和颜建华（2004）通过案例探讨和比较上海、北京两地的相关统计数据，分析了产业发展和经济增长之间的关联性，认为不仅可以通过驱动技术进步来促进经济增长，还能通过抑制第一、二产业的发展同时推动第三产业发展的方式来促进产业结构调整，进而促进经济加快发展。

赵玉林和张倩男（2006）运用灰色关联分析方法，从战略性新兴产业的总体、部门和地区的发展三个层次，对我国战略性新兴产业对于经济增长的驱动作用开展了分析，结论揭示出战略性新兴产业对经济增长具有突破性的带动作用，并且随着时间的推移，战略性新兴产业对经济增长的推动作用还会不断增进。

朱有为和徐康宁（2006）基于 1995~2004 年我国战略性新兴产业的统计数据，运用实证分析的方法，对各个行业产值的弹性进行估计，不仅给出了不同区域战略性新兴产业能在多大程度上促进本行业的经济增长，还根据计算结果探讨了战略性新兴产业对经济结构的调整作用。

刘志迎和梁丽丽（2008）运用菲德模型，对我国 28 个省区市 1995~2006 年的战略性新兴产业的统计数据进行分析，描绘了其对于经济增长的促进作用程度，并提出了改进的政策建议。靳瑞萍（2010）利用相关性分析方法制定了产业结构和土地结构测量的指标，分析了深圳市产业结构和土地结构的互动关系。但承龙和熊华（2010）以数量经济模型为分析工具，分析了海南省土地利用结构和产业发展之间的关系。张乐勤等（2014）采用偏最小二乘回归法分析了安徽省产业结构变化对土地集约利用的影响。

4.2.2　研究方法与数据来源

C-D 函数被广泛应用于生产领域的投入产出计算，能有效利用大量统计资料分析平均投入水平上的资源边际生产效果。本节借鉴已有研究，选取土地政策、地区生产总值增速、R&D①人员全时当量、技术市场成交额、高技术产业企业数、工业企业 R&D 经费内部支出、财政收入等指标，构建基于 C-D 函数的多指标时间序列面板模型，采用极大似然法，构建模型的对数似然函数，利用 Stata 软件估计模型参数，考察土地政策对战略性新兴产业发展的影响。

1. 模型设定

结合已有相关研究，本书采用 C-D 模型来分析土地政策对湖北省战略性新兴产业发展的影响程度。

$$\begin{aligned} Y = \alpha_0 + \beta_1 \text{GDPgrowth} + \beta_2 \text{Landpolicy} + \beta_3 \text{R \& D Staff} + \beta_4 \text{Techmarket} \\ + \beta_5 \text{Firm} + \beta_6 \text{Expenditure} + \beta_7 \text{Finance} + v \end{aligned} \tag{4-1}$$

其中，Y 为湖北省某一年的高新技术产业总产值，为因变量；α_0 为常数项；β_1、β_2、β_3、β_4、β_5、β_6、β_7 分别为 GDPgrowth、Landpolicy、R & D Staff、Techmarket、Firm、Expenditure、Finance 的系数；v 为残差项。

① R&D：research and development，研究与开发。

2. 变量选择与数据说明

从已有文献看，影响战略性新兴产业发展的外生变量主要有土地、资本、劳动力和科技四个方面。为了有效研究土地政策对湖北省战略性新兴产业的影响，本书主要选取以下变量，如表 4-3 所示。

表 4-3　变量定义与预期符号及数据来源

变量名	含义	预期符号	数据来源
GDPgrowth	地区生产总值增速	+	《湖北统计年鉴》（2001~2015 年）
Landpolicy	土地政策	+	整理自 1983~2015 年的土地政策
R&D Staff	R&D 人员全时当量/（人・年）	+	《中国统计年鉴》（2001~2015 年）
Techmarket	技术市场成交额/亿元	+	《中国统计年鉴》（2001~2015 年）
Firm	高技术产业企业数/个	+	《中国科技统计年鉴》（2001~2014 年）
Expenditure	工业企业 R&D 经费内部支出/万元	+	《工业企业科技活动统计年鉴》（2001~2015 年）
Finance	财政收入/万元	+	《湖北统计年鉴》（2001~2015 年）
Y	因变量，湖北省高新技术产业总产值/亿元		湖北省统计局

"+" 表示正

（1）地区生产总值增速（GDPgrowth）。经济增长能够促进产业发展，而经济增长可以通过地区生产总值增速来反映，因此选取地区生产总值增速作为变量，借此反映湖北省战略性新兴产业的经济增长情况。因此，本书认为地区生产总值增速与湖北省战略性新兴产业的发展呈正相关关系。

（2）土地政策（Landpolicy）。政策变量通常以虚拟变量或者以名义变量的形式出现。根据已有研究和前文的政策分析，本书采用设置名义变量的方法，将 1983~2015 年的土地政策对湖北省战略性新兴产业发展的作用力度分为三个等级，分别对各等级赋上不同的数值以反映其作用程度：1983~1999 年赋值为 0，2000~2006 年赋值为 1，2007~2015 年赋值为 2。土地政策越有针对性、越密集，对湖北省战略性新兴产业发展的促进作用就越大，因此，本书认为土地政策与湖北省战略性新兴产业发展呈正相关关系，预期符号为"+"。

（3）R&D 人员全时当量（R&D Staff）。R&D 人员全时当量指全时人员数加非全时人员按工作量折算为全时人员数的总和，为国际上比较科技人力投入而制定的可比指标。参考孟付博（2011）的研究，通过该指标可以反映湖北省战略性新兴产业的人才投入情况，高技术人才的投入越大，对战略性新兴产业的发展越有利，因此预期符号为"+"。

（4）技术市场成交额（Techmarket）。技术市场成交额指登记合同成交总额中，明确规定属于技术交易的金额，即从合同成交总额中扣除所提供的设备、仪器、零部件、原材料等非技术性费用后实际技术交易额，但合理数量的物品并已直接进入研究开发成本的除外。因此，我们以技术市场成交额衡量战略性新兴产业的科技投入水平，预期符号为“+”。

（5）高技术产业企业数（Firm）。高技术产业的企业个数在一定程度上可以反映战略性新兴产业的产业规模，本书认为高技术产业企业数与湖北省战略性新兴产业的发展呈正相关关系。

（6）工业企业 R&D 经费内部支出（Expenditure）。工业企业用于内部开展 R&D 活动的实际支出包括用于 R&D 项目或课题活动的直接支出，以及间接用于 R&D 活动的管理费、服务费、与有关的基本建设支出及外协加工费等。参考李方旺（2015）对财政政策的效率评价研究，本书用工业企业 R&D 经费内部支出表征企业的 R&D 活动开展的资本投入，预期符号为“+”。

（7）财政收入（Finance）。战略性新兴产业的发展离不开政府的财政支持，而财政收入是衡量一国政府财力的重要指标，政府在社会经济活动中提供的公共物品和服务的范围和数量，在很大程度上取决于财政收入的充裕状况。湖北省大力发展战略性新兴产业，政府财政收入越高，对战略性新产业的财政投入才能越大，故而假定湖北省财政收入与湖北省战略性新兴产业发展呈正相关关系。

4.2.3　面板数据的单位根检验和协整检验

为避免因变量的不平稳而出现虚假回归问题，确保回归方程参数估计的有效性，本书主要采用 LLC 检验、IPS 检验、ADF 检验和 PP 检验等四种面板数据单位根检验形式来检验各变量的平稳性，如表 4-4 所示。结果显示，面板数据的 7 个变量在 1%的显著性水平下均为平稳的。此外，为考察各变量之间的长期协整关系，本书采用 Kao 协积检验对变量 GDPgrowth、Landpolicy、R&D Staff、Techmarket、Firm、Expenditure、Finance 和 Y 之间的协整关系进行检验，发现 ADF 值为−13.110 2（p=0），说明在 1%的显著性水平下 8 个变量之间存在长期协整关系。

表 4-4　面板数据单位根检验

变量	检验形式（C，T，K）	LLC 检验	IPS 检验	ADF 检验	PP 检验	结论
GDPgrowth	（C，N，0）	−15.246 （0）	−3.270 （0）	117.027 （0）	169.506 （0）	平稳
Landpolicy	（C，N，0）	−23.218 （0）	−5.308 （0）	104.022 （0）	224.664 （0）	平稳
R&D Staff	（C，N，0）	−18.191 （0）	−4.404 （0.000 3）	108.475 （0）	121.062 （0）	平稳
Techmarket	（C，N，0）	−29.171 （0）	−8.015 （0）	158.433 （0）	202.259 （0）	平稳

续表

变量	检验形式（C，T，K）	LLC 检验	IPS 检验	ADF 检验	PP 检验	结论
Firm	（C，N，0）	−37.424（0）	−5.691（0）	118.047（0.000 1）	147.211（0）	平稳
Expenditure	（C，N，0）	−15.032（0）	−3.820（0.000 1）	123.495（0）	110.430（0）	平稳
Finance	（C，N，0）	−11.521（0）	−3.204（0.000 7）	118.806（0.000 1）	172.934（0）	平稳
Y	（C，N，0）	−11.501（0）	−3.205（0.000 7）	113.806（0.000 1）	173.014（0）	平稳

注：检验形式 C、T、K 表示单位根检验方程包括常数项、时间趋势项和滞后结束，N 表示无趋势项

4.2.4 实证结果与分析

本书数据为多指标时间序列数据，用 Stata 10.0 对模型（4-1）进行估计，估计结果见表 4-5。

表 4-5 模型估计结果

变量 x	回归系数 β	标准差	t 统计量	p 值
GDPgrowth	15.605	0.074	0.90	0
Landpolicy	0.049	1.022	−1.49	0.002
R&D Staff	0.057	0.085	5.10	0.041
Techmarket	7.436	3.886	2.11	0.001
Firm	12.325	0.072	5.25	0
Expenditure	2.117	5.193	1.18	0.324
Finance	0.108	0.622	0.69	0.003
截距	−61.865	8.019	−4.40	0.012

根据表 4-5，F 检验的 p 值为 0，说明选取的自变量和因变量之间存在显著的线性关系，模型（4-1）的 R^2 为 0.647 7，说明模型的拟合优度高，模型总体较好。模型估计结果中，地区生产总值增速、土地政策、R&D 人员全时当量、技术市场成交额、高技术产业企业数和财政收入等大多数变量在 5%的置信水平下显著。

土地政策和湖北省高新技术产业总产值相关性显著，变量系数为正值，与预期符号相符，说明土地政策与湖北省战略性新兴产业发展呈正相关关系，土地政策主要通过不同的政策工具发挥其宏观调控的功能，湖北省土地政策的制定越有针对性、执行力度越强，湖北省高新技术产业总产值越大，以此来衡量的湖北省战略性新兴产业发展情况也越好。土地政策对湖北省战略性新兴产业的促进作用具体体现在四个方面。

首先，合理的土地规划、土地供给和土地税收等政策能保证各产业园区及周边基础设施的公共投资。通过完善道路交通、水电资源、周边科教文卫等基础设施建设，引导战略性新兴产业集聚和节约型发展，从而促进湖北省的经济增长。对基础设施、居住和环境条件的完善还能吸引人才资源，对战略性新兴产业的经济发展起带动作用。此外，公共设施的建设需要政府部门的大力支持和投资，在这一环节中，土地税收政策能够增加地方财政收入，将战略性新兴产业用地的税收投入基础设施建设中，也能吸引社会资金投资，拉动经济增长，在实现产业发展和政府规划的良性循环的同时，也能增加劳动就业。

其次，通过土地规划政策和供应政策工具手段的结合，土地政策能够促进新兴产业生产规模的壮大。能够因地制宜谋划城市产业布局，通过供地顺序和供地数量的政策控制及政策调控作用，保留发展形势强劲的产业，限制或淘汰低端产能的项目或企业。例如，国土资源部和国家发展改革委 2006 年联合印发《关于发布实施〈限制用地项目目录（2006 年本）〉和〈禁止用地项目目录（2006 年本）〉的通知》。该土地政策建立起了土地政策与产业结构的联系，达到了节约、集约产业用地的目的。以土地规划政策对产业布局进行规范化、现代化的政策引导，以土地供应政策促进集约型产业结构的调整，是土地政策对产业结构产生的重要影响。

再次，土地规划政策和土地供应政策工具的结合可以实现土地政策对区域产业结构的调整作用。我国地大物博，不同的区域有不同的资源和优势，生产力水平和技术条件等也有所区别，因此，通过土地政策因地制宜地解决区域经济发展的问题，统筹规划区域结构，保障不同区域内的战略性新兴产业优先发展，兼顾区域内不同产业共同发展。在规划中考虑长远的战略性新兴产业发展形势，预留足够的战略性新兴产业用地，依据经济发展趋势进行结构调整。而后，在规划的基础上进行土地资源的供应，在同一区域内，在其他生产要素基本相同的情况下，各产业的土地使用量是影响其产业土地生产率的关键因素。

最后，通过引导生产要素的投入影响经济增长。现代经济学认为，生产要素包括土地、劳动力和资本，而土地政策引导生产要素投入带动经济增长体现在两方面。其一，土地供应政策能够促进湖北省土地资源和劳动力的投入。发展战略性新兴产业对我国经济转型有重要意义，在这个过程中，战略性新兴产业的发展取得高效益则会推动土地资源的开发利用，因而会促进土地资源的投入，同时任何产业用地的开发利用过程都需要劳动力的投入，土地和劳动力作为关键的生产要素，其投入的增加也就带动了湖北省经济的增长。其二，土地政策能够促进技术资本的投入。通过土地利用规划和供应的优先级限制，不仅能够促进湖北省产业结构的合理化，还能够刺激竞争，促进企业生产发展过程中对技术的优化和提高、增加技术资本的投入，使得产业发展的生产率、回报率提高。企业拥有的科技水平越高，无论在土地资源还是产能方面都越具有优势，因此，通过土地政策的规划管制可能促进企业对技术资本的投入。

在影响战略性新兴产业发展的其他因素中，地区生产总值增速与湖北省高新技术产业总产值相关性显著，变量系数为正值，与预期符号相符，说明地区生产总值增速与湖北省战略性新兴产业发展呈正相关关系。R&D 人员全时当量与湖北省高新技术产业总产值相关性显著，变量系数为正值，与预期符号相符，说明 R&D 人员全时当量与湖北省战略性新兴产业发展呈正相关关系。技术市场成交额与湖北省高新技术产业总产值相关性显著，变量系数为正值，与预期符号相符，说明技术市场成交额与湖北省战略性新兴产业发展呈正相关关系。高技术产业企业数与湖北省高新技术产业总产值相关性显著，变量系数为正值，与预期符号相符，说明高技术产业企业数与湖北省战略性新兴产业发展呈正相关关系。工业企业 R&D 经费内部支出相关系数为正值，与预期相符合，但 p 值 >0.05，与湖北高新技术产业总产值相关性不显著。财政收入与湖北省高新技术产业总产值相关性显著，变量系数为正值，与预期符号相符，说明财政收入与湖北省战略性新兴产业发展呈正相关关系。

可以看出，科技投入能促进战略性新兴产业的发展，战略性新兴产业是依托于科学技术的成果转化带来生产效益的新兴产业，没有科技投入的支持，没有科研成果的产业化为依托，战略性新兴产业就缺失了最大的“王牌”。人才投入对战略性新兴产业的发展有促进作用，战略性新兴产业的发展需要人才资源为基础，人才建设是发展战略性新兴产业的一个重要部分，实证结果表明人才的投入能有效促进产业产值的提升，且新型技术人才是提升一个地区产业技术水平的关键，因此，加强人才引进可以提升地区发展的总体技术水平，从而促进战略性新兴产业发展。财政投入能促进战略性新兴产业的产业发展，财政收入是部门调控经济的重要手段，增加财政投入能够让更多战略性新兴产业项目获得政府财政支持，如增加固定资产投资、加大经费投入或经费补贴等。

第5章　湖北省战略性新兴产业土地政策的效应评估

土地政策是政府宏观调控的重要手段，土地政策优化调整的目标导向是促进战略性新兴产业发展，即实现政策的有效性。战略性新兴产业土地政策主要体现为土地供给、土地价格、土地财政投入、土地金融与税收、土地利用规划与管理等方面的具体政策。土地政策促进战略性新兴产业发展依赖于政策作用下所产生的各类效应。土地政策的作用效应分析为后续政策工具制定提供系统依据。为检验土地政策的有效性，本章结合逻辑分析和理论模型分析，在找出湖北省战略性新兴产业发展状况和发展条件的基础上，运用系统学、经济学原理和方法，以理论模型分析土地政策对战略性新兴产业发展的产量和产值增长效应、资源配置效应、产业集聚效应及政策联动效应。

5.1　湖北省战略性新兴产业发展状况

战略性新兴产业代表新一轮科技革命和产业变革的方向，是培育发展新动能、获取未来竞争新优势的关键领域。2016年11月29日，国务院印发的《国务院关于印发“十三五”国家战略性新兴产业发展规划的通知》中提出，“十三五”时期，要把战略性新兴产业摆在经济社会发展更加突出的位置，大力构建现代产业新体系，推动经济社会持续健康发展。在创新驱动发展战略的指引和大众创业、万众创新不断发展的背景下，我国战略性新兴产业发展总体情况呈现出产业规模增长快、创新活跃、产业水平迈向中高端水平、整体效益优的特点，尤其在节能环保、新一代信息技术、生物、高端装备制造、新能源、新材料和新能源汽车等方面发展快速，战略性新兴产业的新技术、新产业、新业态、新模式不断涌现，推动传统产业转型升级。

5.1.1 湖北省战略性新兴产业发展现状

湖北省高新技术产业主要包括电子信息、生物技术与新医药、新材料、先进制造，属于《“十三五”国家战略性新兴产业发展规划》指出的战略性新兴产业发展规划范围。战略性新兴产业与高新技术产业的相通让我们得以从高新技术产业的发展情况中窥探战略性新兴产业的发展。同时，从已有文献来看，战略性新兴产业发展的载体是大中型工业企业，因此，我们以湖北省高新技术产业和大中型工业企业的发展情况来衡量湖北省战略性新兴产业的发展情况是有迹可循的。

根据图 5-1，湖北省战略性新兴产业发展水平提升较快，取得较大成绩。2013~2016 年湖北省高新技术产业增加值呈上升趋势，高新技术产业增加值占地区生产总值比重稳定增长。2016 年，湖北省高新技术产业增加值达 5 574.54 亿元，同比增长 10.85%，相比 2013 年湖北省高新技术产业增加值而言，仅 4 年的时间就增长了 54.64%。

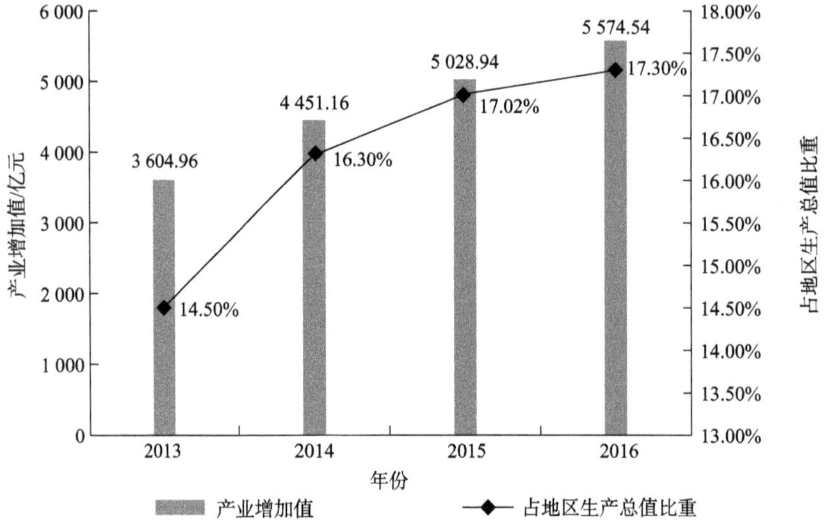

图 5-1　2013~2016 年湖北省高新技术产业增加值及占地区生产总值比重

根据表 5-1 和图 5-2，2012~2016 年，湖北省大中型工业企业 R&D 经费呈上升趋势，表明湖北省科技投入力度不断增强。2016 年湖北省专利批准量 41 822 项，与 2012 年的 24 475 项相比，增长了 70.88%，表明湖北省科学研究与开发能力不断提高。2016 年湖北省开发区高新技术企业达 4 029 家，高新技术产业增加值 5 574.54 亿元，占地区生产总值的比重达 17.30%，比 2012 年提高 4 个百分点，对地区生产总值增长的贡献率达到 22%，表明湖北省高新技术产业发展迅速。

表 5-1　2012~2016 年湖北省战略性新兴产业发展情况

年份	大中型工业企业R&D 经费/万元	专利批准量/项	开发区高新技术企业/家	高新技术产业增加值/亿元	高新技术产业增加值占地区生产总值比重
2012	1 978 154	24 475	1 881	2 960.40	13.30%
2013	1 892 653	28 460	2 257	3 604.96	14.50%
2014	2 172 256	28 290	2 820	4 451.16	16.30%
2015	2 627 715	38 781	3 241	5 028.94	17.02%
2016	2 786 500	41 822	4 029	5 574.54	17.30%

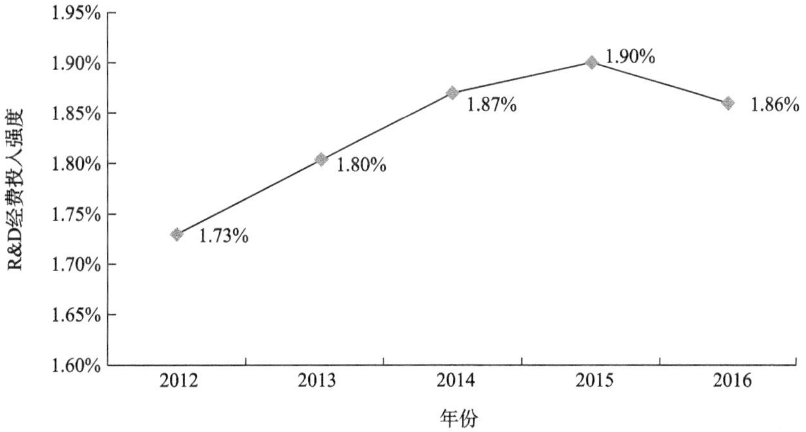

图 5-2　2012~2016 年湖北省 R&D 经费投入强度

湖北省“十二五”和“十三五”规划中都提出了要大力发展战略性新兴产业的要求，并针对战略性新兴产业的发展拨出专项基金，加大资金投入力度，扶持战略性新兴产业的发展。2015 年战略性新兴产业产值突破 1 万亿元，年均增长率超过 20%。重点领域营业收入超过 100 亿元的领军企业达 15~20 家，超过 30 亿元的龙头企业达 50 家，超过 10 亿元的骨干企业达 100 家。战略性新兴产业总体发展水平走在中西部地区前列，部分领域进入国家先进行列。

湖北省高新技术产业分布不均衡，武汉、襄阳、宜昌三地聚集了湖北省三分之二的高新技术产业，产值也占到湖北省总产值的 70%左右，如表 5-2 所示。湖北省统计局资料显示，2015 年上半年武汉市高新技术产业增加值达到 700.04 亿元，占湖北省高新技术产业的 46%；2015 年上半年共完成高新技术产业增加值 1 066.47 亿元，占湖北省的 70%，其他 14 个地区高新技术产业增加值之和仅占武汉市的 60%。

表 5-2 2014 年湖北省高新技术产业发展情况

地区	增加值/亿元	总产值/亿元	产品销售收入/亿元
湖北省	4 451.08	14 161.13	12 957.63
武汉市	2 030.73	5 630.54	4 810.12
黄石市	192.04	817.02	814.92
十堰市	156.61	534.03	501.83
宜昌市	476.29	1 477.03	1 429.01
襄阳市	686.56	2 402.39	2 203.72
鄂州市	100.14	365.68	347.68
荆门市	144.82	556.60	548.60
孝感市	151.72	480.60	474.16
荆州市	129.21	481.81	471.41
黄冈市	117.58	430.21	395.94
咸宁市	63.93	231.86	220.18
随州市	75.86	278.07	276.93
恩施土家族苗族自治州	8.92	32.46	32.22
仙桃市	54.46	200.18	194.55
潜江市	29.60	121.52	117.40
天门市	32.61	121.13	118.96

5.1.2 湖北省战略性新兴产业发展条件

1. 自然资源条件

湖北省矿产资源储量较为缺乏，为能源输入省，其中原煤、石油、天然气等资源主要分布在江汉地区，总体来说资源较为紧缺，如表 5-3 所示。因此，水电、太阳能、风力等资源作为新的发展点比较切合时宜。

表 5-3 2013~2016 年湖北省工业能源生产量

产品	2013 年	2014 年	2015 年	2016 年
一次性能源生产量/万吨标准煤	5 165.45	5 708.76	5 256.27	5 490.13
原煤/万吨	885.42	890.40	758.39	547.42
天然气/亿立方米	3.09	1.45	1.35	1.31
水电/亿千瓦时	1 175.95	1 375.80	1 289.96	1 379.30

根据湖北地区光照和风力资源条件，湖北省兴建了齐岳山风力发电场，截至 2016 年，先后投资 20 亿元安装风力发电机 179 台，被誉为华中第一大型风电场。咸宁的九宫山也借助其地理位置优势，充分利用其风能投资建立了国内第一个正式投入运营的风力发电项目——九宫山风力发电厂。湖北省利用交通优势，发展了一系列新型工业、航空航天及新型化工材料基地，重点建设了武汉国家生物产业基地、宜昌生物产业园、随州光伏产业基地、鄂州光热产业基地和黄石太阳能示范基地等新兴产业基地。

2. 人口条件

人口数量对市场规模和资源开发程度有较大影响。人口质量或人口素质也对产业布局产生重大影响。人口素质的高低是与一定的生产力水平相联系的，高质量的人口和劳动力是发展高层次产业，即技术密集型产业的基础。

湖北省高等院校数量多，院校类别多样，高等院校毕业生也为高新技术产业发展提供了充足的人力资源，尤其是高校毕业生为战略性新兴产业提供了优秀的人才储备，如表 5-4 所示。

表 5-4　湖北省高等学校分类别情况

学校分类	2005 年		2010 年		2015 年		2016 年	
	学校数/所	毕业生数/人	学校数/所	毕业生数/人	学校数/所	毕业生数/人	学校数/所	毕业生数/人
综合大学	10	48 617	8	39 434	8	45 686	8	45 299
理工院校	49	92 857	74	202 148	79	239 337	82	244 748
农业院校	1	2 763	1	3 892	1	4 241	1	4 391
林业院校	1	121	1	1 461	1	2 651	1	3 543
财经院校	6	12 771	12	30 366	11	36 217	11	33 883
政法院校	3	2 369	4	4 157	4	3 289	4	3 956
总计	70	159 498	100	281 458	104	331 421	107	335 820

湖北省的产业分布中，软件产业主要集中在武汉市，其软件业务收入、企业数量、从业人员占到湖北省的 95%以上。武汉市作为湖北省省会，汇集了全国和湖北省众多的优秀人才，具有大量的科研基金，科技人员和资金的投入呈增长趋势，这也是武汉市战略性新兴产业产值占湖北省比重高的原因之一，武汉市科技活动基本情况如表 5-5 所示。武汉市作为湖北省省会，享受更多的政策优惠，对于武汉市的高新技术开发区的发展有更为方便的政策支持。

表 5-5 武汉市科技活动基本情况

项目	2011 年	2012 年	2013 年	2014 年	2015 年	2016 年
科技活动人员/人	310 240	339 786	365 502	388 430	378 828	393 333
基础研究投入/万元	139 256	203 953	218 994	186 200	230 593	258 642
应用研究投入/万元	471 732	561 485	679 021	691 267	705 635	738 875
实验发展投入/万元	2 619 140	3 079 800	3 564 675	4 231 507	4 681 187	5 002 905

3. 技术条件

技术水平的高低及不同地区技术水平的差异影响着技术分工、区域分工和产业布局。技术进步能提高自然资源的综合利用能力和效率，使单一产品生产区转变为多产品综合生产区，扩大生产部门的布局。湖北省的技术买卖状况比较活跃，近年来湖北省科技经费投入力度较大，并大力扶持科技创新，推动各种科技研发，以技术影响产业结构，并把科技活动转发为经济效益，如表 5-6 所示。

表 5-6 2016 年湖北省技术买卖情况

卖方类别		合计		机关法人		事业法人	
		合同数/项	成交额/万元	合同数/项	成交额/万元	合同数/项	成交额/万元
买方类别	机关法人	5 679	2 735 455	240	148 967	3 201	584 350
	事业法人	4 237	655 528	24	3 574	2 679	209 859
	社团法人	400	55 740	1	16	349	28 581
	企业法人	13 616	5 629 173	17	137	5 121	438 831
	自然人	53	1 808			17	476
	其他组织	263	199 608			116	160 490
总计		24 248	9 277 312	282	152 694	11 483	1 422 587

4. 经济条件

经济发展水平是产业发展的基础，只有社会经济达到一定水平时才有充足的资金发展战略性新兴产业，才能为战略性新兴产业提供充足的资金支持。社会固定资产投资的数量在相当大的程度上决定着对战略性新兴产业的资金供给。图 5-3 反映了 2010~2016 年湖北省年固定资产投资变化，2010~2016 年固定资产投资呈现较大幅度增长，产值也随之上涨。固定资产投资的额度也为战略性新兴产业的发展提供了资金后盾。

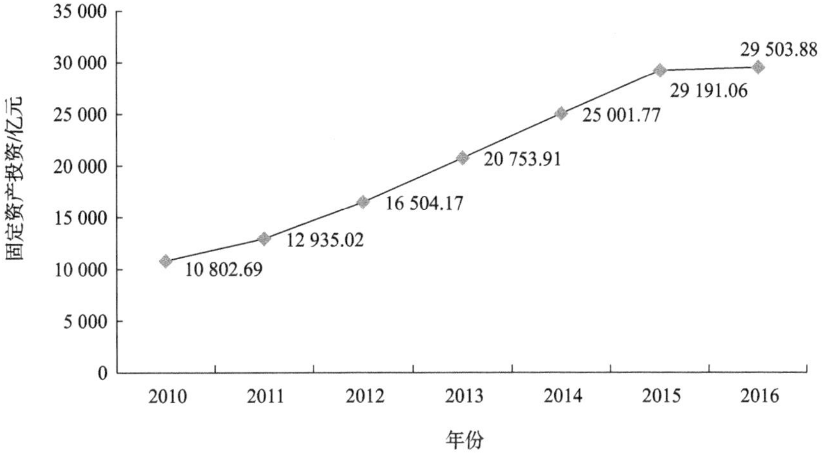

图 5-3　2010~2016 年湖北省固定资产投资变化

5. 区位条件

湖北省位于我国中部地区偏南、长江中游、洞庭湖以北，是承东启西、连南接北的交通枢纽，武汉天河国际机场是我国内陆重要的航空港。长江自西向东横贯湖北省 1 062 千米，长江及其最大支流汉江，水网纵横，湖泊密布，湖北省因此又称“千湖之省”。湖北省境内有多条铁路线、高速公路线，形成纵横交错的运输网络，更有长江、汉江等内河航运通道为其提供水上航运；河流、港口众多，具有长江中游亿吨大港，已建成多个机场，陆、水、空三方联动，形成了多方运输综合体系，具有“九省通衢”之称，其交通和战略意义重大，为湖北省经济发展和产业结构转型提供了便利的交通条件。具体见表 5-7 所示。

表 5-7　湖北省交通运输业基本情况

分类	2011 年	2012 年	2013 年	2014 年	2015 年	2016 年
铁路营业里程/千米	3 340	3 463	4 794	4 059	4 062	4 140
公路通车里程/千米	212 746	218 151	226 912	236 932	252 980	260 179
高速公路/千米	4 006	4 006	4 333	5 096	6 204	6 204
内河航道里程/千米	8 988	8 988	8 988	9 066	9 066	9 066
客运量总计/万人	114 736.92	129 510.9	143 100.28	103 671.8	104 693.75	105 813.14
铁路/千米	8 503.80	9 177.40	12 101.80	14 302.70	15 083.90	15 855.30
公路/千米	104 971.00	118 369.00	129 533.75	87 804.00	87 953.26	88 220.89
水运/千米	347.60	443.50	528.00	533.80	574.46	572.22
民用航空/千米	914.52	933.50	936.73	1 031.30	1 082.13	1 164.73

续表

分类	2011 年	2012 年	2013 年	2014 年	2015 年	2016 年
货物周转量/（亿吨/千米）	4 044.45	4 351.80	5 036.80	5 798.12	5 908.40	6 159.90
港口货物吞吐量/万吨	21 662.91	23 518.12	26 219.00	28 969.15	32 949.52	35 191.90

基于以上分析，湖北省发展战略性新兴产业的优势在于：一是科教优势。众多高校为湖北省战略性新兴产业的发展提供技术支持，同时众多数量的科研基金也为科技人员从事科学技术活动提供强有力的支持，两者相互推动，有利于战略性新兴产业及科研活动的良性发展。二是产业优势。湖北具有较早的工业基础，省内个别地区具有丰富的矿产、水能、光能、风能等优势资源，一些大型产业基地也为战略性新兴产业的发展起到了带动作用。近年来湖北省的高新技术产业产值保持快速、稳步增长，拥有 3 个国家高新技术产业开发区，其中东湖新技术开发区为创新示范区，武汉光电子产业基地、生物产业基地、信息产业基地是国家级高技术产业基地，发挥了引领湖北省内战略性新兴产业共同发展的辐射作用。三是区位优势。湖北省地处我国中部地区，水、陆、空交通便利，是我国最重要的交通运输枢纽和物流商贸中心之一，其交通运输条件为战略性新兴产业的发展提供了重要的支持。

湖北发展战略性新兴产业的劣势在于：首先，由于体制机制等方面的原因，科技成果转变为经济效益的进程比较缓慢，长期以来科技成果转化为产业效益仍然存在短板；其次，湖北省的高新技术产业起步虽然较早，也形成了一系列产业规模，但并未成为经济发展的主导产业，产值状况仍然没有达到经济总量的支柱水平；最后，作为一个人口和资源大省，湖北省人均经济发展状况还有待增长。湖北省委、湖北省人民政府高度重视战略性新兴产业的发展，但部分地方的财政情况尚不能给出足够的财政支持。

5.2 湖北省战略性新兴产业土地政策的实施效应

5.2.1 产量、产值增长效应

战略性新兴产业的发展状况、条件分析显示，土地、资本、技术、劳动力等全方位生产要素支撑是决定战略性新兴产业壮大的基本条件，其中，在行业培育初期，土地要素的投入起到关键性作用，土地要素的持续稳定又是行业长期发展的基本支撑，其作用首先体现为对行业产量产值的增长促进效应。

战略性新兴产业发展兼具国家政策特性与一般市场特征，土地要素供给是解释战略性新兴产业产出增长的重要变量。20 世纪 90 年代中后期我国步入市场经济改革加速阶段后，国民生产总值的增长与土地投入，尤其是与建设用地的增长呈现出显著的正相关关系。产业经济的增长在很大程度上来源于增长的土地投入所产生的增值效应。战略性新兴产业对用地的区位、规模和其他条件方面的要求更加严格，在我国土地资源稀缺性更显著的现实情况下，战略性新兴产业的产出增长对土地的投入量、投入水平提升的需求更为迫切。土地投入量、投入水平提升促进战略性新兴产业产量、产值增长的效应可通过基本生产函数、供需曲线变动予以解释。

1. 基本生产函数反映的产量、产值增长效应

一是建设用地的投入为战略性新兴产业投资提供了承载空间。我国城市土地一级市场供应实施的是政府单一供应来源的制度形式，政府垄断土地一级供应，土地资源是约束产业投资最重要的经济要素之一，土地供应的增加、供应水平的提升都能有效带动资本投入量增加，从而影响基本生产函数。

二是受价格非完全市场化的制度特征影响。战略性新兴产业用地的供求无法完全依靠价格机制实现平衡，而转为更多依赖数量机制来实施调节，因此，土地供应增长成为战略性新兴产业投资增长的基本条件。

基本生产函数描述生产过程中作为解释变量的各种生产要素，与作为被解释变量的产出量之间的依存关系，其中投入的技术、资本、劳动力等生产要素以组合形式存在，共同作用，形成产出量或产出值。

$$Y = f\left(A, K, L, \cdots\right) \tag{5-1}$$

其中，Y 为产出量；A、K、L 分别为技术、资本、劳动力等投入要素，即在基本函数中对产出量产生贡献的生产要素。

增加战略性新兴产业的土地投入，直接带动产业的资本投入量的增加，K 值变大，在生产要素组合关系不变的情况下，预期的产出量 Y 也将获得增长。此外，通过土地财政投入间接实施研发补贴、技术奖励、就业支持、社会保障提升等政策，提升技术、劳动力投入水平，带动生产函数产出量增大。

考虑到土地政策对产业产出的全面促进作用，实证研究中可将土地投入作为新的生产要素，对基本生产函数进行改进，建立包含土地投入要素的 C-D 生产函数：

$$Y = f\left(A, K, L, S \cdots\right) \tag{5-2}$$

其中，S 为新引入的土地投入要素。

为解决各生产要素对产出量的非比例影响问题，消除异方差影响，分别对

C-D 生产函数进行指数处理和对数处理，得到式（5-3）、式（5-4）：

$$Y = AK^{\beta_1}L^{\beta_2}S^{\beta_3} \tag{5-3}$$

$$\ln Y_{it} = \alpha + \beta_1 \ln K_{it} + \beta_2 \ln L_{it} + \beta_3 \ln S_{it} + \varepsilon_{it} \tag{5-4}$$

其中，A 为效率参数，反映广义技术进步水平；β_1、β_2 和 β_3 分别表示资本、劳动力和土地要素的产出弹性，即要素投入 1%时产出量 Y 增加的百分比；ε_{it} 为误差项，表示其他对产出量 Y 产生影响但未纳入模型的因素。

上述不同生产函数模型中，土地要素对产出量 Y 的影响呈现间接或直接作用形式，已开展的各种区域层面的大量实证研究结果显示，模型的选择并不影响相同的拟合结果，土地要素与产业产出量呈显著的正相关关系，即土地投入水平提升对产业产出量具有显著的促进作用。

2. 供需曲线变动反映的产量、产值增长效应

为促进战略性新兴产业发展，地方政府通过土地供应倾斜政策、选择性供地、增加土地供应、实施财税补贴等政策，降低了战略性新产业企业的生产成本，从而影响其供给曲线，形成供给曲线整体由 S_0 向下移动至 S_1，在需求曲线 D 不变的条件下，当供需在土地政策作用下达到新的平衡时，均衡点由 E_0 移动至 E_1，均衡数量 Q_1 增多，形成显著的产品增量效应，如图 5-4 所示，在新供需平衡点上体现出产量增长效应。

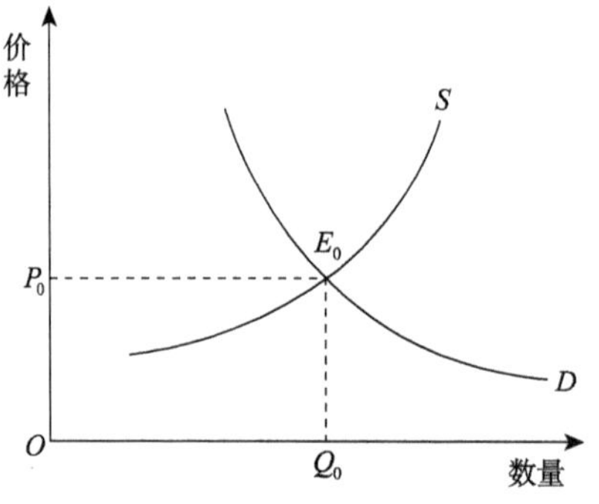

（a）供需均衡曲线

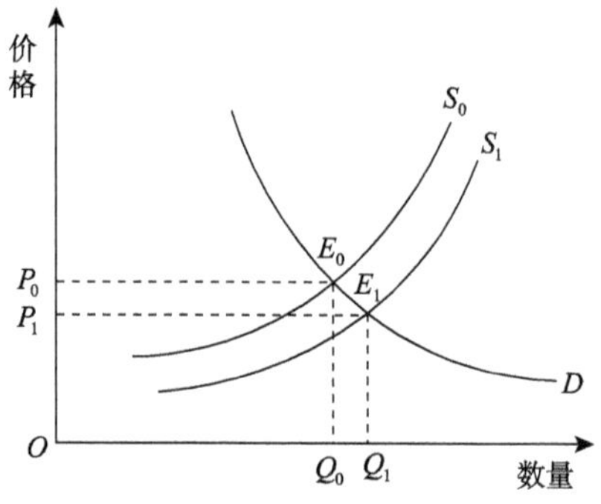

（b）供给减少变化曲线

图 5-4　供给曲线下移引起产量增长

土地政策对战略性新兴产业产量和产值的促进作用是供需平衡量、供需平衡价格两个方面同时作用形成的叠加效应。如果仅在产量增长效应下及需求曲线没有变动的情况下，价格下降抵消产量增长的影响，从而抑制了产值的增长（图 5-4）。政府在实施土地政策过程中利用土地财政收入，以直接采购的形式购买战略性新兴产业产品和服务，如图 5-5 所示，在供给曲线 S 不变的情况下，

战略性新兴产业市场需求竞争提高，需求曲线整体由 D_0 向上移动至 D_1，在供给曲线 S 不变的情况下，均衡点由 E_0 移动至 E_1，E_1 均衡点对应价格 P_1 上升、均衡产量 Q_1 增大，产量、产值在新均衡状态下均出现增长，政策的产量产值增长效应被放大。对比图 5-4、图 5-5 可见，通过增加土地投入单一途径促进战略性新兴产业发展难以取得最佳效果，而侧重培育战略性新兴产业市场和刺激消费等需求调控政策，能够取得更好的产量、产值增长效果。

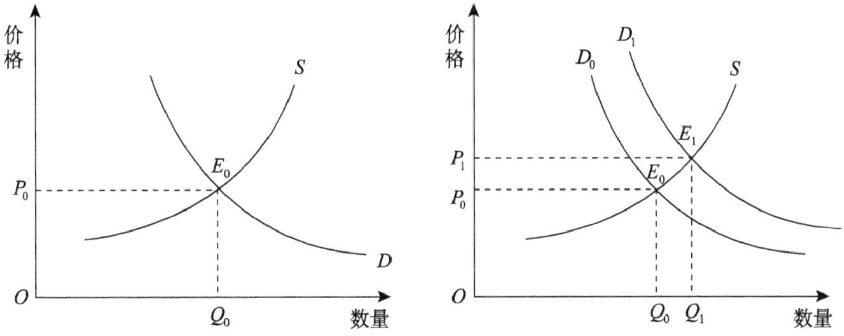

（a）供需均衡曲线　　　　（b）需求增多变化曲线

图 5-5　需求曲线上移引起产量、产值增长

土地政策实际运行中，战略性新兴产业的供给曲线、需求曲线均受到政策的综合影响，并非处于静止状态，合理的土地政策包含供给、需求调整的全面支撑，既促进战略性新兴产业供给曲线的整体向下位移，也促进需求曲线整体向上位移，表现出图 5-6 所示的变化特征。

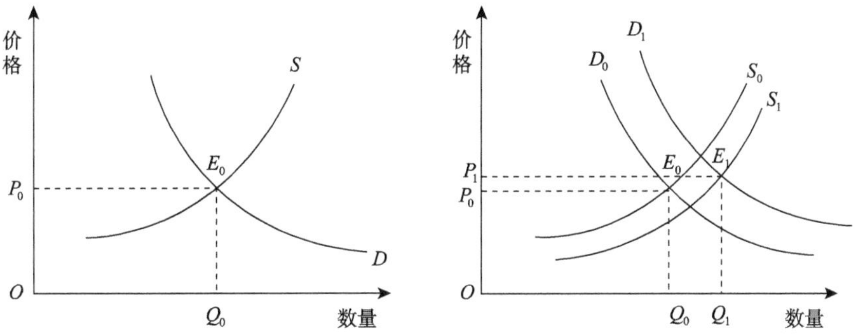

（a）供需均衡曲线　　　　（b）供需双向变动曲线

图 5-6　供给曲线和需求曲线双向变动引起产量、产值增长

图 5-6 显示供给曲线 S、需求曲线 D 的双向变动，在土地政策作用下，满足需求曲线变动幅度超过供给曲线变动幅度，供给曲线、需求曲线在 S_1、D_1 处达到新

均衡，均衡点 E_1 对应的价格 P_1、数量 Q_1 均出现增长，土地政策实现促进战略性新兴产业产值、产量的增长效应。

此外，交易性的提高也是收益增长效应的另外一个来源，亦称为交易收益效应，其实质还是因为交易性提高，在供给曲线、需求曲线移动影响下的产量、产值增长。交易收益效应概念由 Besley 和 Case（1995）提出，土地交易性的提高会增加土地投资的价值，从而提高市场主体进行土地投资的积极性。

5.2.2 资源配置效应

我国城市土地市场政策以保障各类土地市场主体合法权益、促进土地市场发展为基本目标，土地政策通过完善市场功能，提高市场发展水平，促进资源配置效率的提升。因此，土地政策对于促进战略性新兴产业发展具有优化资源配置的效应。资源的成本和边际收益在不同地区、不同行业、不同企业是不同的。如果某一资源的成本相对较低、边际产出相对较高，那么该资源在这一地区、行业或企业的投入增长会导致平均生产率的上升，加大该资源投入而减少其他资源投入就实现了资源的优化配置，提高了资源配置效率。

1. 多元化用地供应降低企业用地成本，提升资源配置效率

传统土地政策所形成的土地一级市场仅有政府出让这唯一的供应方式，出让涉及征收方案拟订、调整、公布和实施，涉及土地整理、土地收储和市场招标、挂牌、拍卖等流程，流程运行、平台运转的交易成本和时间成本较高。上述过程中所产生的交易总成本（C）等于外生交易成本（$C_{外}$）与内生交易成本（$C_{内}$）的总和，即

$$C = C_{内} + C_{外} \tag{5-5}$$

其中，外生交易成本（$C_{外}$）包含土地征收成本（C_1）、开发整理成本（C_2）、有偿出让成本（C_3）。

$$C_{外} = C_1 + C_2 + C_3 \tag{5-6}$$

内生交易成本（$C_{内}$）表现为征地过程中的社会摩擦和矛盾、机会主义，以及土地一级市场出让中的寻租等行为所引起的费用，即

$$C = C_1 + C_2 + C_3 + C_{内} \tag{5-7}$$

促进战略性新兴产业发展的土地政策改变了原有的一元供地形式，创新了国有工业用地租赁、原用地企业产业转型与用地性质融合调整、集体建设用地入市等方式，避免或减少了土地征收、土地整理、土地出让过程中产生的内生交易成本，甚至削减了部分外生交易成本。例如，集体建设用地入市带来的用地成本

$C = C_2 + C_3$，创新国有工业用地租赁成本 $C = C_1 + C_2$。战略性新兴产业用地成本的下降带来了资源配置效率的提升。

2. 调整空间结构与产业结构，优化资源配置效率

不同产业结构的空间资源配置水平存在显著差异，政府对战略性新兴产业的培育本质是国民经济产业结构的调整升级，从空间角度来说，产业结构在一定意义上就是土地利用结构，产业结构调整依赖于土地利用结构转变，而土地利用结构转变的目标是实现区域产业结构的调整升级。土地利用结构转变政策对资源配置效率的作用体现为以下几个方面。

1）土地利用结构转变提高资源空间配置效率

土地利用的地理特征表现为空间结构性，土地利用的转变是空间优化组织、重构的过程，土地利用结构的转变表现在生产层面是资源的空间配置变化。通过制定和实施土地政策，调整土地利用结构，提高资源空间配置效率，从而促进产业发展。产业的发展对交通、区位、环境、配置产业与设施等方面都有一定的要求，这些要求形成了土地转换压力，在压力作用下形成土地利用结构的转变，进而影响土地资源的配置水平。

战略性新兴产业发展是我国当前产业结构调整优化的重要内容，伴随其土地利用空间形态的变化，通过新建产业用地规划、已建项目用地空间整理等具体政策，改变原有空间结构，促进资源空间配置效率提升。资源空间配置受集聚、疏散两种方向相反的作用力影响，在集聚、疏散作用下形成产业的空间格局，其空间格局决定了资源空间配置效率。土地利用结构转变能够引导区域空间格局的优化，从而提高资源空间配置效率。

2）产业结构调整升级促进资源优化配置

在理想市场环境中，资源流向总是由产出效益较低的行业流向产出效益较高的行业。因此，高级别产业类型相对于低级别产业类型普遍拥有更高的资源配置水平，其原理可以用基本生产函数解释：为实现理想模型的最大产出，资本、劳动力、技术等生产要素需要以最优的数量关系进行组合，组合反映的是资源的最优化配置关系。

产业结构调整体现了一个国家或地区的资源利用特征和水平。区域产业结构调整与土地集约利用紧密相关，当产业结构由低级向高级发展变化时，土地集约利用水平随之发生相应改变。产业结构调整是对全社会资本、劳动力、技术等生产要素的调整组合，组合的升级必然带来资源优化配置水平的提升。产业结构调整体现了一个国家或地区的资源利用特征和水平，区域产业结构调整

和土地的集约利用有密切的关联，当产业结构升级时，土地的集约利用水平也随之提升。

3）土地资源在不同市场参与者之间流动，引导、促进资源优化配置

土地资源在不同市场参与者之间的充分流动，提高了市场交易性，为资源向产出效益更高的行业流动创造了条件，有效促进了资源配置效率的提升。土地政策促进了建设用地资源流向拥有更高边际效应的战略性新兴产业土地使用者，由此获得更高的土地利用边际效益水平。

土地资源在不同市场参与者之间流动的过程中，土地资源由边际产出较小的土地使用者、行业，流向边际产出较大的土地使用者、行业，在边际报酬递减规律的支配下，各方的边际产出趋于相等，当各行业土地资源投入的边际产出相等时，说明资源配置效率已经达到了无法再进一步改进的地步。因此，引导土地资源在不同市场参与者之间流动，能够促进边际产出相等的最优化资源配置状态的达成。

4）动态调整宏观土地政策，促进资源优化配置

政府宏观调控是在市场失灵情况下调整资源配置的有效手段，土地资源与其他商品一样，在市场运转过程中也存在信息不对称、信息滞后等市场失灵现象。此外，土地资源与其他一般商品存在显著差异，土地资源的特殊性主要表现在资源的稀缺性和供应垄断性方面，仅依靠市场机制是无法合理调节土地资源的。土地资源的优化配置需要依靠市场的调节和行政的干预，促进战略性新兴产业发展的土地宏观调控政策的动态调整，对于避免市场失灵下的资源低效配置、提升土地资源利用效率具有现实效用。

土地宏观调控包含行政、金融、税收、法律等政策工具，各类宏观调控政策工具组合以促进高效、稳定的资源市场发展为目标，以供需调控、价格管理为基本内容。战略性新兴产业概念的提出、产业的建设实践，本身就是国家参与社会经济宏观管理的体现，因此，其发展过程中相关的土地宏观调控政策起到了关键性作用。产业用地规划编制和实施、土地供应倾斜、土地财税投入、土地法规调整等工具的实际使用，宏观、微观市场调节形式的综合利用，有效促进了资源的优化配置。

市场没有静止的资源配置状态，供需平衡、价格波动随时都呈现出不同的状态，土地宏观调控政策的动态调整适应市场瞬息万变的基本要求。事实上，从2010年《国务院关于加快培育和发展战略性新兴产业的决定》发布至今，战略性新兴产业的宏观土地政策在各区域、各级政府的实施过程中在不断演进，动态的宏观土地政策调整提升了市场资源配置的有效性和稳定性。

在行政、财政、税收、金融、法律等政策工具组合形式上，财税调控政策是

宏观土地调控工具中最具代表性、融合各类政策工具最全面的一种，其对土地资源配置的体现最为直观。土地资源配置主要有两种方式：一种是政府配置，一种是市场配置。在传统计划经济体制下，我国土地的利用与空间布局均通过计划指令来配置，土地利用过程是在非市场条件下由政府直接加以实施的，土地资源配置效率和效益较低。改革开放后，社会经济发展的调节方式逐渐由以行政计划为主导的政府直接控制模式转变为以市场为导向的政府间接调控模式，土地利用也由政府计划供给方式转化为计划引导和市场竞争相结合的方式，即“政府+市场”的资源配置模式。在以市场为导向的政府间接调控模式下，税收作为基本调控手段之一，在土地资源配置中的调节功能包括以下方面。

（1）提高土地资源节约、集约利用程度。可以根据土地资源自然禀赋的优劣，确定不同的税负，把土地资源的使用同纳税人的切身利益结合起来。一方面，有利于国家加强对土地资源的保护和管理，防止使用者乱占、滥用土地资源，减少土地资源的损失和浪费；另一方面，有利于土地使用者出于自身经济利益方面的考虑，提高资源开发利用率，最大限度地合理、有效、节约利用土地资源。

（2）调整土地收益分配关系，促进公平竞争。我国地域辽阔，各地土地资源结构和地理条件存在很大差异。对于土地位置好、级差收入多的土地，多征税；对于土地位置差、级差收入少的土地，少征税。这样，通过税收经济杠杆把土地级差收入纳入国家财政，让国家能够在长期发展中有更多的机会分享土地升值带来的级差地租，这样不仅有利于理顺国家和土地使用者的分配关系，还可以排除资源因素造成的利润分配上的不合理，为土地使用者之间的平等竞争创造一个基本公平的用地条件。

（3）保护土地资源的生产能力，实现可持续利用。土地利用配置是针对一定时间尺度而言的。此时优化，彼时可能变得不优化，反之亦然。土地利用的时间属性体现在两个方面：一方面是在较短时段内体现土地利用结构的相对稳定性；另一方面是在较长时间尺度下，保持土地利用的世代延续性，即土地利用不得牺牲土地生产力的可持续性，土地资源的可持续利用表现为自然生态资源的适宜性、经济方面的获利性、环境方面的良好循环性、社会方面的公平性。战略性新兴产业普遍具有资源集约利用、技术效率领先等基本特征，对生态环境的平均压力小于传统行业，运用土地财税这种综合政策工具，反哺、培育战略性新兴产业，能促进全社会资源配置效率的提升，也能兼具实现生态环境保护、资源可持续利用的社会、经济、环境综合目标。

5.2.3 产业集聚效应

1. 集中规划土地布局，引导产业空间集聚

战略性新兴产业的土地政策始于土地利用规划，落实于土地市场供应。我国的实践进程反映，城市中创新产业园区为战略性新兴产业的投资落地提供了必要的土地承载空间，政府通过土地供应、土地市场、土地利用管理等政策，引导战略性新兴产业空间集聚。

土地级差收益的客观存在，必然吸引各类空间经济要素的向心集聚。按市场供求均衡的原理，城镇中心区段的地价会上升，从而产生排异现象，将单位产出效率较低的产业（行业）依次向集聚体外围排斥，以控制城市集聚规模的自动平衡和保持集聚结构始终处于高效益的运行状态，从而使各类产业用地布局呈现出明显的区位特征。

图 5-7 显示产业分布与城市用地格局的关系，战略性新兴产业、集约用地型工业基本处于商业圈外、工业圈外缘线以内，在城市空间分布中处于相对集中的区域，对空间上的集聚有较高的要求。战略性新兴产业用地的集中规划政策，能够满足产业空间发展的要求，提高生产要素、产业配套设施的集聚水平，促进产业发展。

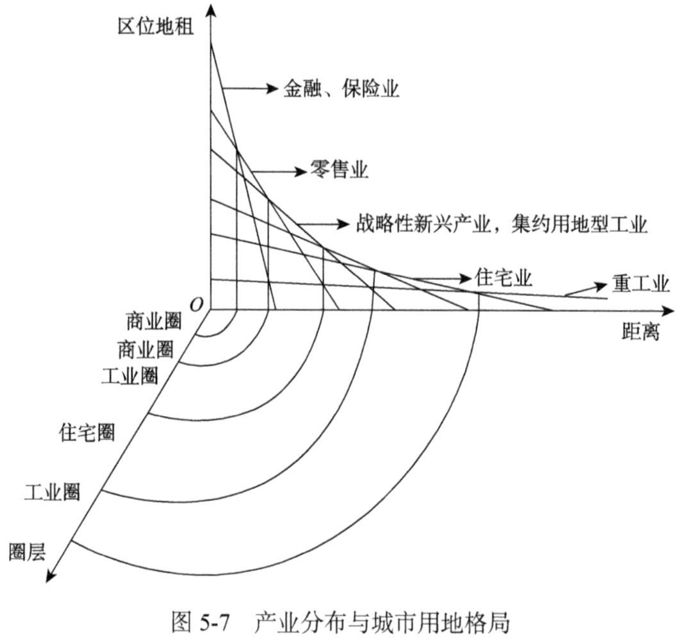

图 5-7 产业分布与城市用地格局

2. 土地财税激励，促进区域产业集聚

战略性新兴产业具有创新改革的基本功能，在行业形成初期，企业进行研发创新、开辟新市场等存在较高的市场风险与收益的不确定性，企业的分布往往呈现出一定的分散性。行业发展初期如果仅靠市场自发发展，则难以快速形成行业生产力，因此，与传统行业对比，战略性新兴产业更依赖于政府与市场机制的双轮驱动。为此，地方政府部门在行业培育过程中，通过制定相关的土地财税激励政策，实施政府采购、政府补贴、税收优惠、增加研发资金政府配套，以增强战略性新兴产业企业抵抗市场风险的能力，提升企业技术水平储备，扩大收益空间，推动行业发展成熟，促进区域产业集聚。土地财税政策推动产业集聚的作用机制如表 5-8 所示。

表 5-8　土地财税政策推动产业集聚的作用机制

政策面向	政策内容	成效机理	结果	集聚结果
投资	政府补贴	区域内企业边际收益曲线上移	投资增长	投资乘数效应使得区域内企业产出增加额大于投资增加额，企业向区域内集聚
	政府采购	财政支出乘数效应使产出增加	投资增长	
	税收优惠	区域内企业边际成本曲线下降	投资增长	
	研发配套	区域内企业边际成本曲线下降	投资增长	
消费	政府补贴	成本降低和价格下降	消费增加	消费者对区域内企业产品的消费需求增加，使得企业向区域内集聚
	政府采购	直接拉动消费	消费增加	
	税收优惠	成本降低，价格下降	消费增加	

在投资领域内，政府补贴提高企业边际收益，边际收益曲线与边际成本曲线决定了新的投资水平高度，投资大幅增加后，就会通过投资乘数的作用使产出增加的数额大于投资增加的数额。政府采购则通过财政支出乘数效应进一步扩大产业的产出，产出增加拉动了产业的投资增长。税收优惠措施一般通过减少成本、降低企业边际成本曲线，从而推动企业的投资进一步增加，提升其规模集聚效应。促进边际收益提高，从而引导战略性新兴产业投资资本向区域内集聚。

在消费领域内，政府采购直接拉动了产品的消费增长，政府补贴则通过产品成本降低和价格下降促进产品的消费需求，税收优惠政策的作用原理与政府补贴类似，价格下降使其替代效应和收入效应都会扩大消费者对有财税政策优惠产品的消费需求，这将进一步促进产业集聚。由此可以得出结论：财税激励政策的共同作用将会改变投资和消费的均衡点，从而推动企业集聚。

政府在产业集聚过程中有着重要的地位，而政府作用的发挥在很大程度上都取决于财税政策。财税政策又分为财政激励政策和税收优惠政策。财政激励政策促进产业集聚发展的功能主要表现在：建立稳定和可预测的经济和政治环境，推动产业集聚建立；保证公共机构正常运行，完善基础设施；通过财政转移等手段

解决融资困难，营造良好的融资环境；资助企业培养专门人才。税收优惠政策促进产业集聚发展的功能主要表现在：通过减少成本促进高新技术企业的投资增加，提高高新技术产品的利润，促使更多的企业进入该行业。

金融政策在产业集聚中有着不言而喻的重要作用。金融市场对产业集群发展的功能主要表现在：在既定的产业政策下，金融政策通过信贷传导渠道和利率传导渠道，影响储蓄、投资，进而作用于信贷和资本市场上的资金供给规模和结构，影响生产要素分配，引导产业的需求结构和投资结构，不断实现产业集聚；通过贷款和直接融资来解决企业的资金困难，营造良好的融资环境。

3. 产业集聚效应的模型验证

赫芬达尔—赫希曼指数（H 指数）基于企业规模和行业规模数据，用于衡量产业集聚程度，该指数产生的理论基础来源于贝恩的“结构–行为–绩效”理论。计算公式为

$$H=\sum_{j=1}^{N}Z_j^2=\sum_{j=1}^{N}\left(X_j/X\right)^2\quad(j=1,2,3,\cdots,n) \tag{5-8}$$

其中，X 为产业市场总规模（就业或产值）；X_j 为 j 企业的规模；$Z_j=X_j/X$，为第 j 个企业的市场占有率；N 代表该产业内部的企业数。在实际分析中，经常运用 H 指数的倒数测度产业多样化。

根据 H 指数测算模型，企业规模、企业数量是该模型的关键指标。相同企业规模条件下，企业数量越少，行业的集聚度越高；在企业数量固定的条件下，企业规模越大，行业集聚度越高；企业规模越大，企业数量越少，行业集聚度进一步提高。战略性新兴产业以重大技术突破和重大发展需求为基础，对经济社会全局和长远发展具有重要的引领带动作用。与传统行业相比，其企业平均规模、产出效率、产值规模等方面具备一定的优势，究其原因：一方面，土地政策在促进战略性新兴产业发展的同时，也以其规模优势带动了全社会平均企业规模的提升，从而提高经济整体集聚水平；另一方面，通过土地促进政策的配套，加快了战略性新兴产业内部的市场竞争，土地资源、其他生产要素资源向拥有更密集的技术支撑、更高的产出效率的企业集中，企业平均规模增大，即指数模型（5-8）中 X_j 值扩大。由于战略性新兴产业研发技术要求高、企业培育周期较长及战略性影响的行业特性，企业数量相较于传统行业少，H 指数模型中 N 值较小。综合 X_j、N 值的作用，测算得到的 H 指数较高，表示行业集聚程度较高。

区位熵是反映区域集聚程度的指标，它由哈盖特于 1967 年首先提出并用于区位分析中。该指标又称区域专门化率，用以衡量某一区域要素的空间集散情况，反映某一产业部门的区域专业化程度，以及某一区域在高层次区域的地位和作用

等。在产业结构研究中，该指标通常用于分析区域主导专业化部门的状况，计算公式为

$$E_{ij} = \frac{q_i}{\sum_{i=1}^{n} q_i} \bigg/ \frac{Q_i}{\sum_{i=1}^{n} Q_i} \tag{5-9}$$

其中，E_{ij} 为某区域 i 行业对于高层次区域的区位熵；q_i 为某区域行业的有关指标（通常可用产值、产量、生产能力、就业人数等指标表示）；Q_i 为高层次区域行业的有关指标；n 为区域各行业的数量。E_{ij} 值越大，表示产业的集聚程度越高。

根据区位熵测算模型（5-9），$q_i \Big/ \sum_{i=1}^{n} q_i$、$Q_i \Big/ \sum_{i=1}^{n} Q_i$ 的相对变动幅度影响区位熵 E_{ij}，区域行业指标值的比重如果超过更高层次区域行业指标值的比重，则说明该行业的区位熵较高，E_{ij} 值较大。促进战略性新兴产业的土地政策通过产业培植、就业和消费引导等行为，提升区域内该行业的产值、产量、生产能力、就业人数等有关指标，受此影响，q_i、Q_i 两项指标均得到提升。由于战略性新兴产业的发展对教育、技术、市场发展水平等要求高于一般产业，因此，在带有区域引导性的土地政策作用下，处于战略性新兴产业规划区域的 $q_i \Big/ \sum_{i=1}^{n} q_i$ 的增长幅度大于 $Q_i \Big/ \sum_{i=1}^{n} Q_i$ 的增长幅度，其比值 E_{ij} 变大，即区位熵指数反映的行业区域集聚程度高于传统行业，而较大的区域集聚程度反映的是产值、产量、生产能力、就业人数等各项基本指标在区域分布上的集中特征。

5.2.4　政策联动效应

1. 政策联动整合，促进全方位产业支撑体系形成

战略性新兴产业是产出效应、产业联动性较强的行业，在经济、社会、生态环境效应方面具有显著的正外部性和溢出效应，其产生的综合收益要大于产业自身收益，通过土地政策配套，能够有效地促进产业发展，实现更高的社会、经济综合效益。与传统行业相比，战略性新兴产业的投资对资本、技术、劳动力、土地等要素的投入水平要求更高，对市场供需调节、价格管理的技术要求更为全面。因此，行业发展全周期的政策联动整合，是促进全方位产业支撑体系形成的必然路径。

产业投资、消费领域的政策工具联动整合，形成战略性新兴产业全方位的产业支撑体系，从土地供给、土地价格、土地财政投入、土地金融与税收、土地利

用规划与管理等方面发挥政策的全面支持功能，将行政、财政、税收、金融、法律等各类政策工具进行有机整合，促进战略性新兴产业的持续发展。

2. 政策联动协整，激发放大效应

土地金融政策和金融产品创新的联动包括战略性新兴产业用地开发、利用过程中的投融资、信托、租赁、抵押、贴现、保险、证券化等金融产品和制度的创新，协调促进战略性新兴产业发展。土地政策与财税政策联动体现在以下几方面。

1）财政政策鼓励战略性新兴产业进行技术创新

战略性新兴产业技术创新需要高额的资金投入，现有财政政策支持的主要手段为财政补贴，包括直接补贴、贷款担保、财政贴息、R&D委托费和财政基金等形式。

政府通过财政补贴引导战略性新兴产业及金融部门对技术创新项目进行投入。政府通过财政补贴来满足金融部门盈利的需求，鼓励战略性新兴产业企业通过金融融资来满足其技术创新项目的资金需求。除财政补贴外，税收也是支持战略性新兴产业发展的重要手段，政府通过税收优惠来降低战略性新兴产业企业的技术创新研发成本，降低创新风险，促进技术向现实生产力转化。

2）财政政策带动战略性新兴产业的产品市场培育

目前，战略性新兴产业所提供的产品和服务普遍存在成本较高且消费市场认同度低的问题。战略性新兴产业的市场培育也相应地成为其自身发展的瓶颈。通过财政政策中的政府采购拉动战略性新兴产业的产品需求，有利于培育战略性新兴产业的产品市场。

3）财政政策加强战略性新兴产业的资源利用

资源利用包括战略性新兴产业企业内的现有资源能耗、设备利用等，同时还包括对于人力资源的利用。财政政策通过财政补贴和税收等手段促进资源向战略性新兴产业流动，有利于发挥财政政策的资源配置功能。

3. 政策联动效应的模型验证

公共管理政策作用于市场，产生叠加效应、联动效应和乘数效应，其联动效应反映在政策效应传导过程中政策之间的关联互动。政府土地财政投入产出路径中的联动效应是其表现形式之一，政府财政投入直接形成市场的增量投资，形成增长的市场新需求，推动企业扩大生产规模，从而拉动就业。就业增加又能增加消费需求、提高购买力，从而扩大内需。在该政策的传导路径中，投资端的政府

补贴、政府采购、税收优惠、研发配套等政策联动，促进投资增长；消费端的政府补贴、政府采购、税收优惠等政策联动，拉动消费增长。尹锋（2007）、王斌斌（2014）分别从财税政策、土地投资等角度通过实证研究验证了土地政策的联动效应。

为理论验证土地政策的联动效应，本书构建结构方程理论模型，分析土地政策中政府补贴、政府采购、税收优惠、研发配套等政策之间的联动机制。分别假设某一特定土地政策作为外生变量，对其他政策作为内生变量所产生的潜在影响。

$$\boldsymbol{x} = \Lambda \boldsymbol{x} \xi + \delta \tag{5-10}$$

其中，ξ 为模型的外源潜变量；$\boldsymbol{x}$ 表示外源指标组成的向量；$\Lambda\boldsymbol{x}$ 表示外源指标与外源变量之间的关系；δ 表示内源指标 $\boldsymbol{x}$ 的误差项。

$$\boldsymbol{y} = \Lambda \boldsymbol{y} \eta + \varepsilon \tag{5-11}$$

其中，$\boldsymbol{y}$ 表示内生指标组成的向量；$\Lambda\boldsymbol{y}$ 表示内生指标与内生潜变量之间的关系；η 表示内生潜变量；ε 表示内生指标 $\boldsymbol{y}$ 的误差项。

$$\eta = B\eta + \Gamma\xi + \zeta \tag{5-12}$$

其中，B 表示内生潜变量间的关系；Γ 表示外源潜变量对内生潜变量的影响；ζ 表示结构方程的残差项，反映了 η 在方程中未能被解释的部分。

战略性新兴产业发展效果可以通过技术创新、市场培育、资源利用和市场发育程度四个内生潜变量 η 进行度量，假定政府补贴、政府采购、税收优惠、研发配套等土地财税政策先后作为外源潜变量 ξ，其对内生潜变量分别产生相应影响 Γ，通过外源潜变量的影响 Γ，改变了战略性新兴产业的技术创新、市场培育、资源利用和市场发育程度等指标的水平。而技术创新、市场培育、资源利用和市场发育程度已经被论证为战略性新兴产业发展的表征指标。因此，几个外源潜变量可间接影响产业的发展水平，与外源潜变量自身作为变量影响产业发展水平的直接效应相互叠加，形成联动效应。

第 6 章　土地政策促进战略性新兴产业发展的经验借鉴

不同国家和地区在土地资源禀赋、经济发展状况、产业布局结构和社会意识形态等方面存在差异，这些因素会显著影响土地政策的选择。据此，本章选择美国、英国、芬兰、日本，以及我国的北京、上海、广东等作为典型案例，通过文献研究和实地调研，比较分析各地战略性新兴产业土地政策的制定和实施情况，深度把握各种探索的特色，全面总结各种探索的经验，洞悉其发展成效及困境，寻找有助于优化战略性新兴产业土地政策的经验信息。

6.1　国 际 经 验

6.1.1　国外典型国家或地区战略性新兴产业发展状况

美国、日本、欧盟等典型国家或地区在经济发展的不同阶段都推出了支持本国或地区战略性新兴产业发展的各项政策，为其产业发展创造了更多的空间。

1. 美国

20 世纪 80 年代初，美国政府大力支持战略性新兴产业发展，以信息技术的开发为动力，重视信息人才的培养，通过政策等方面的支持，创造有利于信息产业发展的环境。金融危机爆发之后，美国在总额 7 870 亿美元的经济刺激方案中，可再生能源及节能项目、医疗信息化、环境保护等产业均为投资重点行业，航天、海洋及大气等领域也受到特别关注。在所有的战略性新兴产业中，新能源产业成为重中之重。

美国前总统奥巴马主张依靠科学技术开辟能源独立的新路径，在《2009 年美国复苏和再投资法案》中提出 18 年内把能源经济标准提高 1 倍。在 2030 年之前将石油消费降低 35%，并强化了对智能电网、教育和宽带的支持，解除了对胚胎干细胞研究的联邦政府资金支持限制，着力提高美国海洋能产业的国际地位。总体来看，美国在推动一场以新能源为主导的新兴产业革命，核心目标是为长期的经济增长和繁荣打下坚实的基础。

2. 日本

日本在其发展的历程中经历了三次大的战略性新兴产业的选择。第二次世界大战以后，日本选择资本技术密集型产业作为战略性新兴产业，经过 30 年的发展，实现了持续的经济增长。到 20 世纪 70 年代末 80 年代初，日本进入了国际技术前沿的探索时期。1980 年 3 月，日本通产省产业结构审议会议发表《80 年代通商产业政策构想》，宣布日本政府把技术立国作为奋斗目标，确定信息产业、传统产业信息化等多个目标，提高了日本的整体竞争力。金融危机爆发以后，日本政府将信息通信、节能和新能源开发、环保、生物工程、宇宙航空、海洋开发等产业作为重点领域进行扶持，并提出“环境能源基础创新计划”“低碳社会行动计划”“新经济成长战略”，制定《能源合理利用法》《石油代替能源促进法》，促进新能源产业发展。

3. 巴西

作为“金砖四国”之一的巴西也在大力推动战略性新兴产业。巴西独特的自然条件适宜种植甘蔗和油料作物，可用于提炼乙醇和生物柴油。依托这一农业优势，巴西开发出了以乙醇为中心的产业链，成为世界上开发利用替代能源技术领先的国家之一。早在 20 世纪 70 年代，巴西就制定并开始实施了以甘蔗为原料生产乙醇燃料的替代能源发展战略，把立法作为推广乙醇燃料的必要手段，通过法律形式保障乙醇燃料、汽车生产商及消费者的利益，并通过补贴、设置配额、统购乙醇，以及运用价格和行政干预手段鼓励使用乙醇燃料，为发展乙醇燃料提供了法律保障。

金融危机爆发后，巴西经济明显下滑，失业增加，消费下降。为了应对危机，巴西努力支持企业提高自主创新能力，加大科研投入，发展节能低碳新兴产业。2009 年，巴西政府在“科技创新行动计划”（2007~2010 年）的预算投入总额达到 410 亿雷亚尔，占 GDP 的 1.1%~1.2%，计划到 2010 年卢拉政府任期结束时将科技创新投入进一步提高到占 GDP 比重的 1.5%。在得天独厚的自然条件下，巴西政府因地制宜，着力发展生物能源产业，鼓励发展生物燃料汽车，制定发展生物燃料的发展规划和产品标准。

在第二代生物燃料研发方面，巴西已经尝试从甘蔗渣、各种植物纤维、秸秆及其他农产品加工废弃物中提取纤维素乙醇的技术，加快第二代生物燃料乙醇研发生产。巴西已经成为全球第二大乙醇燃料生产国和第一大出口国，并在此基础上继续推进风能、核能等新能源产业发展。巴西政府通过 Proinfa 立法（对可替代资源发电项目的鼓励计划），制定了管理风电场发展的政策，已经拥有“安格拉 1 号”“安格拉 2 号”两座核电站，并建设“安格拉 3 号”核电站。同时，巴西正在建立一个电动汽车计划网络，已经启动了电动汽车研发项目，并为此成立了电动汽车电池研究专项小组。巴西政府认为，发展本国电动汽车是能源技术选择的重要路径。

从巴西新能源产业发展来看，政府支持是取得成功的一个关键因素，政府通过补贴、设置配额及运用价格和行政干预手段鼓励使用乙醇燃料，综合运用金融、法律、经济和科技等多种手段，在生物能源发展的每个环节上扎实推进，形成了国家发展战略—科技研发—市场应用的完整链条，进而实现预期目标。

4. 欧盟

欧盟通过实施产业政策等方法支持战略性新兴产业发展。20 世纪 90 年代后，欧盟确立了造船工业、汽车工业、高技术制造业、信息技术产业等作为战略性新兴产业，并将信息技术产业作为经济发展的驱动力，促进工业结构的有效调整，以加速高科技产业发展为主导，以对 R&D 的支持为重点，加大对 R&D 的投资力度等。进入 21 世纪以后，欧盟将低碳经济的发展看作新的工业革命，将低碳产业列为战略性新兴产业的重点，以发展高效能、低排放型的经济。

欧盟投入了大量的科研经费，制定了碳排放指标、碳排放机制、低碳项目推广等，并推出了全方位的政策和措施，统领成员国大力发展低碳产业。通过碳排放权、交易规则、竞争机制、实施机制、监督机制等给予保障，制定了更严格的环保标准，加大了低碳项目的投资。

通过这些举措，欧盟希望能够在全球应对气候变化行动中充当先锋，力图扮演领导者的角色。由此可见，欧盟战略性新兴产业的特点是以基础创新为出发点，以产业政策支撑、产业资金为依托，促进欧盟各国战略性新兴产业的发展，并企图占领世界制高点。

6.1.2 国外典型国家战略性新兴产业相关土地政策

1. 英国

英国在高技术研发和战略性新兴产业的发展方面走在世界的前列。英国对新能源、生物医药、新材料等新兴产业的发展极为重视，已形成了一套全面、系统的发展战略，通过选择重点产业领域，利用土地等要素支持，培育和营造良好的市场环境，有效地推动了战略性新兴产业的发展。对英国新兴产业相关的土地政策进行梳理时可以发现，它们大多是将土地作为一个关键支持要素，在对某一战略性新兴产业整体进行规划时有所涉及。

2009 年，英国公布了“打造英国的未来——新产业、新就业”战略，提出要面向未来选择战略性新兴产业，大力发展低碳经济、生物产业、数字经济和先进制造业等四大战略产业，强调进一步推进产业科技园建设。

2009 年，英国发布了《新兴技术和产业战略（2010—2013 年）》。这是英国关于新兴技术和新兴产业发展的纲领性文件，其目标是催化更多新技术的出现和商业化应用。其中包括建立关键群，使公司集群作为新兴价值链的一环集聚在一起，为战略性新兴产业发展提供动力。

此外，英国还分别发布了《生物科学技术战略（2009—2012 年）》《创意产业科技战略（2009—2012 年）》《数字技术战略（2010 年）》《高附加值制造业战略（2012—2015 年）》《医药和医疗技术战略（2009—2012 年）》《纳米技术科技战略（2009—2012 年）》《资源利用效率的技术战略（2009—2012 年）》《技术与创新中心战略和实施计划（2009—2012 年）》等一系列战略性新兴产业技术战略，提出了各个战略性新兴产业的具体发展目标和发展规划，均涉及对产业园区等土地要素的布局规划。

2. 美国

21 世纪以来，美国政府越来越重视突破性产业技术、战略性新兴产业对经济发展的带动作用，并用法律手段为其提供强有力的政策保障。

2009 年 9 月，奥巴马政府出台《政府的创新议程》和《重整美国制造业政策框架》，承诺为了确保创新成功，美国政府会在基础研究项目的创新和转让环节给予必要的人力、物力和财力支持，包括推动“产学研”结合，建立科技园区，促进科技成果转化。

2011 年，美国发布《美国创新战略（2011）》报告，核心内容主要包括强化创新要素、激励创新创业、催生重大突破等几个层面，激励手段中也包括战略性新兴产业集群支持这一项。

作为世界上最具创新能力的战略性新兴产业集群，硅谷集聚了 8 000 家左右的科技企业，注册的专利数年均 9 000 余件。硅谷有着美国最大的半导体、信息技术和生物科技企业群落，正努力实现产业转型，大力发展清洁能源等战略性新兴产业。

3. 日本

20 世纪 80 年代，日本产业政策转向强调产业结构以尖端技术为中心的转变，并明确提出以战略性新兴产业为先导的口号。为了实现上述目标，日本政府在宏观经济政策上发挥了巨大作用，从而形成了政府主导型的战略性新兴产业模式，由政府主导规划技术发展路线，筹建战略性新兴产业集群。

1980 年，日本政府出版《科学技术白皮书》，将基础研究作为国家需要来对待，并且为扶植战略性新兴产业制定了一系列政策及科研计划，如《电子工业振兴临时措施法》、“新一代智能机器人计划”等，要求促进产业集群，来刺激战略性新兴产业的开发。

之后，日本政府一直积极建立科学工业园区，培育战略性新兴产业集群，采取土地税收优惠等政策鼓励战略性新兴产业发展。日本政府建立的科学工业园区以著名大学和研究机构为中心，将科研、开发与生产有机地结合起来，同时在科研过程中采取官民合作开发体制来降低研发风险，为企业采用新技术、开发新产品提供各种服务和便利条件，这是发展战略性新兴技术产业的一条有效途径。

日本大力发展高技术研发基地，最著名的是筑波科学城。1965 年，日本开始在九州用 15 年时间，建成了被称为“日本硅谷”的“硅岛”。截至 2016 年，日本已经办成及正在筹办的这种科学技术城已达二十余个。

4. 芬兰

20 世纪 90 年代后，芬兰选择了以战略性新兴产业集群带动经济发展，一举实现了战略转型，其经济增长一直优于经济合作与发展组织国家的平均水平，截至2015年，其全球竞争力排名已连续五年名列前茅。芬兰战略性新兴产业的成功发展，归功于芬兰产业集群创新服务机制。国家政策、地区载体、非营利性的执行团队，组成芬兰产业集群创新服务的完整体系。芬兰从 20 世纪 90 年代开始运行该体系，其间不断实践，进行了三次大的修订与调整，终于形成完整的运行体系，现在已经列入欧盟支持计划。

1994 年，芬兰开始积极推动“技能中心计划”，引导产业集群创新服务机制环境的形成。芬兰的“技能中心计划”以建立国际水平的技能中心为基础，开展产业集群创新服务的引导与激励计划。

2000 年以后，芬兰推出“地区中心计划”，提出了 2007~2011 年国家性地区产业发展的目标，要求地区层面以科技园区为载体，搭建“产学研”平台，建立产业技术转移推动的主体。企业、高等院校和研究机构，通过“科技园”这一机构，构建起“产学研”三位一体的技术转移体系。从 2007 年开始，芬兰又实行“战略中心计划”，强调产业集群对于战略性新兴产业发展的作用。

5. 巴西

“金砖国家”之一的巴西，以乙醇燃油、生物柴油等为代表的生物质能源产业的发展一直广受关注。巴西是世界最大的生物质能源生产国、出口国，其以甘蔗为原料的乙醇燃油技术领先全球。

1975 年，巴西推出“国家乙醇燃料计划”，大力发展以甘蔗为原料的乙醇燃油产业，对企业给予土地上的支持，鼓励甘蔗种植企业扩大种植面积。巴西通过国家政策使得土地要素向战略性新兴产业转移，扩大产业规模，为生物质能源产业链的形成和发展提供了政策保障。

随着 21 世纪国际社会对环境保护和气候变化问题的关注，乙醇燃油作为一种清洁能源，逐渐成为巴西的重要出口产品之一，同时，生物质能源可持续性问题更加引人注意。在这一背景下，巴西政府在这一时期的产业政策突出了对该问题的重视，在 2003 年起开始实施的“生物柴油计划”中，对农业用地政策进行调整，鼓励生产企业与东北部等落后地区的家庭农场合作，让更多的农业家庭从巴西生物质能源的发展中受益，从而缩小了生物质能源发展的区域差距。

6.1.3　国外政策盘点总结

通过对典型国家（地区）战略性新兴产业技术政策的梳理可以看出，这些国家（地区）为应对新一轮产业革命浪潮、培育新的经济增长点和获取国际竞争新优势，均不约而同地推出了相关产业的发展政策、规划和措施。由于各国（地区）情况不同，经济发展水平存在一定差异，对新兴技术和产业的发展方向、侧重点和措施也不尽相同。总体而言，各国（地区）均从实际情况出发，着眼于未来经济社会发展趋势和技术发展方向，对战略性新兴产业的侧重点做出了具体选择。各国（地区）基本上以新能源、新材料、生物科学、新一代信息技术、节能环保等产业为主，这表明这些行业是当前全球经济发展的新潮流和科技应用的新方向，也是我国与其他国家展开竞争的焦点领域。

通过比较可以发现，在土地政策这一方面，国外更多的是将土地作为生产要素之一和产业调整管理工具之一，积极创新“产学研”机制、促进产业集群发展。在实际操作层面，相比其他国家（地区），我国已出台的战略性新兴产业土地政策更多的是发展框架或指导性意见，系统的、具有可操作性的政策支持体系尚待进一步丰富和完善，这是其他国家（地区）战略性新兴产业技术政策带给我们的又一重要启示。

6.2 国内经验

发展战略性新兴产业是我国的重大战略决策，对于推进产业结构升级和经济发展方式转变、提升我国自主发展能力和国际竞争力、促进经济社会可持续发展都具有重要意义。

2009年11月3日，温家宝总理在《让科技引领中国可持续发展》的讲话中明确指出战略性新兴产业主要包括七项内容。第一，新能源产业。新能源产业以绿色与低碳技术为标志，主要包括水电、核电、风力发电、太阳能发电、沼气发电，以及地热利用、煤的洁净利用等清洁能源与可再生能源。第二，节能环保产业。该领域通过节能减排的产品与技术开发，实现防治环境污染、保护自然资源的目的，包括洁净技术、洁净产品、环境服务等方面。第三，电动汽车产业。该产业从事开发以车载电源为动力、用电机驱动车轮行驶的交通运输工具。第四，新材料产业。该产业包括微电子和光电子材料及器件、新型功能材料、高性能结构材料、纳米材料和器件等智能绿色材料。第五，新医药产业。该产业包括治疗多发性疾病和防治新发传染病的创新药物产业，应用面广、需求量大的基本医疗器械制造业及干细胞研究与应用的再生医学产业。第六，生物育种产业。为了提高农产品产量和改善产品质量，战略性新兴产业应包含转基因育种技术、分子设计育种等高新生物科技产业。第七，信息产业。该产业包括未来的传感网和物联网产业。

2010年10月10日，《国务院关于加快培育和发展战略性新兴产业的决定》在国务院常务会议上审议并原则性通过，该决定指出要加快培育和发展以重大技术突破、重大发展需求为基础的战略性新兴产业，对于推进产业结构升级和经济发展方式转变，提升我国自主发展能力和国际竞争力，促进经济社会可持续发展，具有重要意义。必须坚持发挥市场基础性作用与政府引导推动相结合，科技创新与实现产业化相结合，深化体制改革，以企业为主体，推进产学研结合，把战略性新兴产业培育成为国民经济的先导产业和支柱产业。

2012年5月30日，温家宝主持召开常务会议，讨论通过了《“十二五”国家战略性新兴产业发展规划》，提出了节能环保、新一代信息技术、生物、高端装备制造、新能源、新材料及新能源汽车等七大战略性新兴产业的重点发展方向和主要任务，并提出了20项工程，战略性新兴产业作为国家发展的引擎产业得到国家的强力支持。中央和各级地方政府在政策层面对促进战略性新兴产业的积极发展进行了有益探索，其中，土地政策作为一项基本调控手段，对我国产业转型升级起到了不可替代的作用，因此有必要对国内关于战略性新兴产业的土地政策进行梳理。

本书通过以下步骤获得政策样本：在国土资源部、中国法律法规信息库、中国法律检索系统及各省、市国土资源部门等网络公开信息平台上检索相关政策文件，搜集整理与战略性新兴产业发展相关、对战略性新兴产业发展有促进作用的土地政策。

以下是从国家层面和地方层面对战略性新兴产业相关土地政策的不完全列举。

6.2.1　国家性政策

2005 年 3 月 21 日，商务部、国土资源部、建设部出台《关于促进国家级经济技术开发区进一步提高发展水平的若干意见》，要求发展尖端科技，建立新兴产业的开发区。

2008 年 9 月 7 日，国务院发布了《国务院关于进一步推进长江三角洲地区改革开放和经济社会发展的指导意见》，提出要做大、做强高技术产业和优势支柱产业，进一步优化空间布局。充分发挥高新技术产业园区在产业集聚和创新载体方面的作用，协同推进原始创新、集成创新和引进消化吸收再创新。支持区域联合承担国家重大科技专项。

2013 年 1 月 7 日，国土资源部发布的《国家级开发区土地集约利用评价情况（2012 年度）》提出，将研究制定差别化政策，支持战略性新兴产业发展。包括研究支持战略性新兴产业发展的地价、供地政策，促进战略性新兴产业在开发区集聚，推动开发区的升级转型。研究制定差别化管理政策，强化分类指导，对资源紧缺、土地市场竞争强的开发区，积极探索分期供地、租赁供地。国土资源部将积极推进土地市场化配置，扩大土地有偿使用范围，严格执行土地招拍挂政策和工业用地最低出让价标准。强化合同约定与管理，探索将节约集约用地要求、处置方式和退出机制等作为开发区土地出让约定条款，并实施动态监管。

2014 年 9 月 12 日，国土资源部出台《国土资源部关于推进土地节约集约利用的指导意见》，指出要加强产业与用地的空间协同，强化产业发展规划与土地利用总体规划的协调衔接，统筹各业各类用地，重点保障与区域资源环境和发展条件相适应的主导产业用地，合理布局战略性新兴产业、先进制造业和基础产业用地，引导产业集聚、用地集约。完善用地激励和约束机制，严禁为产能严重过剩行业新增产能项目提供用地，促进落后产能淘汰退出和企业兼并重组。合理调整建设用地比例结构。调整产业用地结构，优先安排战略性新兴产业等行业发展用地。

2015年9月18日，《国土资源部 发展改革委 科技部 工业和信息化部 住房城乡建设部 商务部关于支持新产业新业态发展促进大众创业万众创新用地的意见》出台，从加大新供用地保障力度、鼓励盘活利用现有用地、引导新产业聚集发展、完善新产业用地监管制度等方面提出了明确要求。包括优先安排新产业发展用地，明确新产业、新业态用地类型，运用多种方式供应新产业用地，采取差别化用地政策支持新业态发展；促进制造业迈向中高端，支持生产性、科技及高技术服务业发展，鼓励建设创业创新平台，支持“互联网+”行动计划实施，促进科研院所企业化转制改革；促进产业集聚集群发展，有效保障中小企业发展空间，引导土地用途兼容复合利用，推动功能混合和产城融合。

2016年11月8日，国土资源部发布《产业用地政策实施工作指引》，系统总结了各项支持新经济、新产业、新业态的用地政策。这一政策在光伏产业用地、旅游用地等方面有诸多创新，体现了以用地引导稳定增长，促进升级的政策导向。该工作指引提出，为鼓励创新创业及各类新产业需要，国土资源部门采用差别化用地方式，各类产业用地均可采取长期租赁、先租后让、租让结合方式使用土地。以长期租赁方式使用土地的，不得超过20年。对产业发展较快的地区、集聚区及使用未利用地发展产业的，要优先安排用地计划指标。同时，要积极保障小企业创业基地、科技孵化器、商贸企业集聚区用地。中西部地区要按照《国务院关于促进外贸回稳向好的若干意见》要求，加大加工企业用地供应。该工作指引还对多样化的服务设施用地提供了便利，提出对新能源汽车充电设施、无线通信基站、分布式光伏发电设施、社区养老（医疗、体育、文化）服务设施、电影院（影厅）、旅游厕所等布点分散、单体规模小、与其他建筑物有密切依附关系的产业配套设施，允许在新供其他建设项目用地时，将其建设要求纳入供地条件。

2017年1月19日，《国务院办公厅关于促进开发区改革和创新发展的若干意见》发布，强调要优化开发区土地利用政策。对发展较好、用地集约的开发区，在安排年度新增建设用地指标时给予适度倾斜。适应开发区转型升级需要，加强开发区公共配套服务、基础设施建设等用地保障，提高生产性服务业用地比例，适当增加生活性服务业用地供给。利用存量工业房产发展生产性服务业以及兴办创客空间、创新工场等众创空间的，可在5年内继续按原用途和土地权利类型使用土地，5年期满或涉及转让需办理相关用地手续的，可按新用途、新权利类型、市场价，以协议方式办理。允许工业用地使用权人按照有关规定经批准后对土地进行再开发，涉及原划拨土地使用权转让需补办出让手续的，可采取规定方式办理并按照市场价缴纳土地出让价款。

6.2.2　地方性政策

1. 北京

2007 年 8 月 13 日，北京市人民政府印发《北京市 2007 年至 2010 年土地供应中期计划》，提出土地节约、集约利用，集中土地供应，引导产业合理布局。根据“两轴—两带—多中心”的城市空间结构，实施土地的空间梯度供应，促进城市功能区和六大高端产业功能区协调有序发展。中心城产业用地供应重点是高端服务业、高新技术产业和文化创意产业。大力支持符合城市功能定位的产业用地供应，构建合理、具有比较优势的产业结构。优先确保高新技术产业和高端、高效、高辐射力的现代制造业土地供应。

2010 年 5 月 14 日，北京市国土资源局、北京市发展和改革委员会、北京市规划委员会发布《关于印发北京市 2010 年度土地供应计划的通知》，强调优先保证具有高效、高辐射力的优势产业的用地供应，支持重点产业集聚区和功能区的发展，推动经济发展方式转变和经济结构调整。重点支持生产性服务业、文化创意产业、现代制造业、高新技术产业的用地供应，推进一批带动力强的重大产业项目落地；积极支持新能源装备制造业、创新药物研发、微电子材料、石化新材料等带动力强、潜力大、效益好的战略性新兴产业用地的供应。

2011 年 3 月 15 日，北京市人民政府发布《北京市人民政府关于进一步促进科技成果转化和产业化的指导意见》，指出要加强科技成果转化基地建设，聚焦北部研发服务和高新技术产业发展带及南部高技术制造业和战略性新兴产业发展带，加快建设新兴产业基地。

2011 年 3 月 19 日，北京市人民政府发布《北京市人民政府关于加快建设中关村科学城的若干意见》，旨在将中关村科学城建设成为国家高端人才集聚区、体制机制创新前沿阵地、科技成果转化的辐射源和战略性新兴产业策源地，使之成为具有全球影响力的科技创新中心的新地标。与土地资源规划相关的意见主要包括以下几项：一是加快建设一批高端特色产业园区；二是统筹区域空间资源高效利用；三是鼓励盘活利用存量土地资源；四是鼓励存量构造物改造升级；五是推进土地空间资源有序置换；六是促进空间资源重组开放；七是严格项目准入和监管；八是统筹完善区域城市功能配套；九是建设绿色低碳示范园区。

2011 年 7 月 21 日，北京市人民政府发布《北京市关于加快培育和发展战略性新兴产业的实施意见》，提出要促进创新成果产业化，打造新兴产业高地，统筹城市空间战略调整和功能优化配置，全面推进中关村国家自主创新示范区建设，集中力量打造“两城、两带”，按照“专业突出、产业集聚、功能聚合、土地集约”的基本原则，以战略性新兴产业领域的重大项目建设和创新成果产业化为抓手，着力促进高端产业的集聚发展和低端产业的置换退出，深入推进产业结构升级和空间布局优化，加快形成若干产业链完善、规模效应明显、特色鲜明的百亿级和千亿级产业基地，显著提升北京产业的核心竞争力和对区域发展的辐射带动作用。

2012年7月19日，为贯彻落实《北京市人民政府关于进一步促进科技成果转化和产业化的指导意见》和《北京市关于加快培育和发展战略性新兴产业的实施意见》的精神，北京市科学技术委员会制定了《北京市战略性新兴产业科技成果转化基地认定管理办法》，在北京市战略性新兴产业领域内建设和认定一批科技成果转化基地，加快形成战略性新兴产业聚集发展的态势。

2015年1月27日，北京市人民政府发布《北京市人民政府关于清理规范税收等优惠政策的通知》，指出要认真落实国家统一制定的税收等优惠政策，大力培育新兴产业；严禁对企业违规减免或缓征行政事业性收费和政府性基金、以优惠价格或零地价出让土地。

2016年8月18日，中关村国家自主创新示范区领导小组发布《关于推动中关村国家自主创新示范区一区多园统筹协同发展的指导意见》，要求建立促进一区多园统筹协同发展的工作机制，其中包括存量空间盘活利用激励机制。按照规划统筹、区域主导、社会资本参与、政策创新、利益共享的原则，落实国家和北京市有关存量用地疏解和盘活利用的激励政策。鼓励土地使用者通过委托、合作、收购等方式自主或合作进行减量开发，提高土地空间节约集约利用水平。在符合规划和不改变用途的前提下，探索现有工业用地容积率调整的政策措施。支持和鼓励多元主体参与低效用地再开发和利用。总结推广集体经营性建设用地入市试点经验，鼓励集体土地使用权人以自主开发、联营联建等方式兴办企业或科技园区，盘活利用闲置低效用地。

2016年12月6日，北京市科学技术委员会又发布了《关于组织开展2016年北京市战略性新兴产业科技成果转化基地认定工作的通知》。结合新时期北京市的战略调整要求，2016年基地认定工作重点围绕三个方面。一是服务于创新空间布局优化。以疏解非首都功能为契机，盘活存量资源，将存量资源优化和产业聚集发展相结合，进一步优化产业基地布局，引导基地差异化、特色化、高端化发展。二是服务于京津冀协同创新和联动发展。以“促联合、促对接、促转化、促市场”为主线，探索推动基地开展联合共建、“产学研”合作等方式，推进京津冀三地科技资源开放共享，打造区域协同发展动力引擎。三是服务于重大科技创新任务。进一步加强基地工作与北京市重大科技工程、国家重大创新任务等的紧密衔接，提升科技创新能力，实现基地支持工作与创新创业、科技服务、成果转化等工作联动。

2. 上海

2010 年 6 月 1 日，上海市人民政府通过了《上海市临港产业区管理办法》，规定临港产业区发展方向是：按照国家经济发展战略与城市总体规划的要求，推进高新技术产业化和战略性新兴产业发展，将临港产业区建成集先进重大装备、民用航空制造、现代物流、海洋科技、研发服务、出口加工、教育培训等功能为一体的国家新型工业化产业示范基地。鼓励临港产业区在行政管理体制、机制上进行改革和创新，使其成为战略性新兴产业和高新技术产业化的综合性试验区。

2010 年 7 月，上海市政府批准了《上海市南桥新城总体规划修编（2010—2020 年）》，要求推进现代服务业加速发展，依托既有产业基础，引导国家战略性新兴产业在南桥新城布局。强化南桥新城与其周边产业园区联动发展，统筹考虑居住与就业平衡，实现产城融合。

2012 年 8 月 31 日，上海市人民政府印发《上海市土地利用和土地资源保护"十二五"规划》，要求工业用地优先保障高新技术产业和战略性新兴产业，不断优化第三产业用地占比。

2013 年 2 月 26 日，上海市规划和国土资源管理局发布《上海市规划和国土资源管理局关于增设研发总部类用地相关工作的试点意见》，要求对于 104 产业区块内的新增和存量用地，优先满足以战略性新兴产业、先进制造业为主的产业用地需求，积极吸引新增工业项目落地。

2014 年 7 月 30 日，上海市规划和国土资源管理局、中国（上海）自由贸易试验区管理委员会发布《关于中国（上海）自由贸易试验区综合用地规划和土地管理的试点意见》，其中对战略性新兴产业项目土地出让年期做出规定：按照上海市相关规定和程序认定后，以认定的出让年期出让，最高不超过 50 年。

2016 年 3 月 30 日，上海市人民政府办公厅转发上海市规划和国土资源管理局制定的《关于本市盘活存量工业用地的实施办法》提出工业用地利用必须符合土地利用总体规划、城乡规划和产业发展规划，符合上海市产业准入、用地标准、环境保护和社会管理等的要求。规划工业区块（即"104 区块"）内存量工业用地，主要进行结构调整和能级提升，重点发展高端制造业、战略性新兴产业、生产性服务业，研发总部类用地可用于产业类项目和通用类项目。

2016 年 4 月，上海市正式施行《关于加强本市工业用地出让管理的若干规定》，其中规定工业用地弹性年期出让制，原则上新增工业用地产业项目类出让年限不超过 20 年，但国家和上海市重大产业项目、战略性新兴产业项目，经认定后依然将最高年限放宽至 50 年。

2016 年 8 月 30 日，上海市人民政府发布《"中国制造 2025"上海行动纲要》，明确了战略性新兴产业相关的土地支持政策和要求。该纲要提出要加快实施腾出土地再利用政策，为新兴产业发展腾出土地和资源环境空间。要强化土地统筹利用，将上海市统筹工业用地指标重点用于经认定的战略性新兴产业和“四新”经济项目用地需求，并向重点园区和重点区倾斜。

2017年4月24日，上海市人民政府印发《上海市土地资源利用和保护“十三五”规划》，再次强调要“推进工业用地转型升级，促进低效工业用地减量化”，“优化‘104’工业区块、‘195’区域和‘198’区域工业发展空间转型升级路径和差别化管理策略”。其中，“104”工业区块，以空间优化、结构调整、绩效提高和能级提升为主，着力构建战略性新兴产业引领、先进制造业支撑、生产性服务业协同的新型工业体系，巩固提升工业园区产业集聚优势，增强城市综合功能。

3. 广东

2009年2月4日，广东省人民政府印发《广东省建设节约集约用地试点示范省工作方案的通知》，要求强化土地管理，服务发展大局。加快各级土地利用总体规划的修编和实施，重点保障重大基础设施项目、重大民生项目、扩大内需项目、战略性新兴产业项目等用地需求；落实差别化的土地政策，引导建设用地供应向战略性新兴产业、传统产业升级和优化城乡布局倾斜。

2011年1月17日，广东省国土资源厅印发《广东省国土资源厅关于加强外商投资项目用地保障工作的通知》，强调各地要充分发挥《广东省土地利用总体规划（2006—2020年）》的龙头作用，调整土地利用结构，优化土地利用布局，优先保障国家和省级开发区、出口加工区、高新区、保税区、产业转移工业园区等以利用外资为主要载体的建设用地规模，有效保障外商投资项目用地。

2011年4月14日，广东省国土资源厅发布《广东省土地利用年度计划管理办法》，明确“有限指标保重点”的原则，优先保障重大基础设施、战略性新兴产业、民生工程、农村建设、产业转移等用地需求，严禁用于“两高一资”、产能过剩和重复建设项目，以指标约束促进用地集约。

2011年7月20日，广东省人民政府发布《广东省人民政府关于贯彻落实国务院部署加快培育和发展战略性新兴产业的意见》，要求对符合省优先发展目录和集约用地条件的战略性新兴产业工业项目，允许按不低于所在地土地等级相对应工业用地出让最低标准的70%确定土地出让底价。

2012年12月11日，广东省人民政府发布《中共广东省委 广东省人民政府关于加强和改进我省国土资源工作的意见》，要求重点保障传统产业转型升级项目和战略性新兴产业、现代服务业、重大基础设施、民生项目、军事需求用地。

2013年1月7日，深圳市政府以“一号文件”的方式出台了《深圳市人民政府关于优化空间资源配置促进产业转型升级的意见》，并附 6 个配套文件，要求在战略性新兴产业地价政策、配套用房、土地供应等方面，体现“扶”和“保”的原则，除优先供地外，还给予最高 50%的地价优惠，最高使用年限为 30 年。

2015 年 3 月 18 日，广东省人民政府在全国率先印发实施《全省土地利用总体规划调整完善工作方案的通知》，4 月 14 日，广东省国土资源厅印发实施《广东省土地利用总体规划调整完善技术指南》，强调通过调整建设用地布局，优先保障粤东西北地区振兴发展、产业转移园、重大基础设施、战略性新兴产业、民生工程、保障性住房等用地需求。

2015 年 5 月 8 日，深圳市规划和国土资源委员会发布《深圳市近期建设与土地利用规划 2015 年度实施计划》，指出要持续突出对战略性新兴产业的用地保障，供应 627 公顷，满足了城市产业发展转型升级的需求。

2016 年 9 月 18 日，深圳市规划和国土资源委员会发布的《深圳市 2016 年度城市建设与土地利用实施计划》提出，2016 年度计划战略性新兴产业供地新增 47 公顷。要优化生物、新能源、互联网、文化创意、新材料、新一代信息技术等战略性新兴产业空间布局，保障战略性新兴产业、总部经济、公共服务平台和科技研发用地需求，通过城市更新、旧村和旧厂房改造等方式，重点解决高新技术产业、文化产业等用地需求。合理引导产业空间集聚，并加大各园区相关配套设施的建设力度。

2017 年 7 月 14 日，广东省国土资源厅印发《关于完善工业用地供应制度促进供给侧结构性改革的指导意见（试行）》，明确指出要优先安排新产业发展用地。依据国家《战略性新兴产业重点产品和相关服务指导目录》《中国制造 2025》《“十三五”国家战略性新兴产业发展规划》和“互联网+”等国家鼓励发展的新产业、新业态政策要求，各地可结合实际，确定当地重点发展的新产业，优先安排用地供应。用地供应按“先存量、后增量”的原则，对新产业发展快、用地集约且需求大的地区，可适度增加年度新增建设用地指标。

4. 湖北

2007 年 11 月 7 日，湖北省人民政府出台了《湖北省人民政府关于促进产业集群发展的意见》，确立了湖北省产业集群化发展的重要意义，明确指出国土资源部门要依据国家有关政策，积极争取用地指标，对有发展前景的产业集群予以重点支持。

2010 年 9 月 9 日，湖北省委、湖北省人民政府发布《中共湖北省委 湖北省人民政府关于加快培育战略性新兴产业的若干意见》，指出要组织实施战略性新兴产业发展重大工程，包括产业群集聚工程。该意见指出“着力抓好武汉综合性国家高技术产业基地和光电子、生物产业、信息产业三个专业性国家高技术产业基地建设”，“着力加快东湖国家自主创新示范区建设”，“推动高新区转型升级，在已形成一定产业规模和优势、具备一定创新能力的地区，加快布局若干各具特色的省级新兴产业特色基地（园区）”。

2012 年 5 月 9 日，湖北省人民政府印发《湖北省战略性新兴产业发展“十二五”规划》，强调要针对战略性新兴产业的细分领域，规划发展专业园区，打造区域特色产业集群。

2014 年 8 月，宜昌市人民政府正式出台《中共宜昌市委 宜昌市人民政府关于加快培育和发展战略性新兴产业的意见》，要求大力落实战略性新兴产业重点项目推进机制，及时研究解决土地、规划、环评、融资等项目前期及建设实施中的重大问题。

5. 山东

2007 年 8 月 2 日，国务院正式批复了国家发展改革委、国务院振兴东北办公室组织编制的《东北地区振兴规划》。其中“促进工业结构优化升级”部分提出，要依靠技术进步，提升优势产业竞争力；培育新兴产业，鼓励发展劳动密集型产业；加快结构和布局调整，建设新型产业基地。

2009 年 5 月 8 日，《山东省人民政府办公厅转发山东省经贸委等部门关于促进航空航天、核电装备、新能源、节能环保、新材料等 5 个新兴产业加快发展的指导意见（第三批）的通知》发布；2009 年 6 月 26 日，山东省人民政府发布《山东省人民政府关于加快我省新能源和节能环保产业发展的意见》；2009 年 8 月 27 日，山东省人民政府办公厅发布《山东省人民政府办公厅关于推进新能源汽车产业发展的若干意见》；2009 年 12 月 15 日，《山东省人民政府印发关于促进新能源产业加快发展的若干政策的通知》发布。通过对各大战略性新兴产业给予指导性意见，山东省对战略性新兴产业布局进行整体指导和规划。

2010 年 12 月 29 日，山东省人民政府办公厅发布《山东省人民政府办公厅关于促进节约集约用地有关问题的意见》，2009 年 8 月 21 日，山东省人民政府发布《关于认真贯彻执行〈山东省土地利用总体规划（2006—2020 年）〉的通知》，两份文件均要求改进新增建设用地计划管理，新增建设用地计划主要用在保新兴产业、保民生项目、保重大项目和保重点区域发展上。

2012 年 7 月 25 日，临沂市人民政府发布《临沂市人民政府关于加快飞地经济发展的试行意见》，支持鼓励飞地项目到省级开发区和特色产业园区、新兴产业园区集中安置、规模发展。

2012 年 12 月 2 日，烟台市人民政府印发《烟台市人民政府关于强化用地保障推动节约集约用地的意见》，提出要新增建设用地计划指标，优先满足新兴产业等用地需求。实行土地利用差别化管理政策，落实优先发展产业的地价政策，对山东省人民政府确定的优先发展产业且用地集约的工业项目，出让底价可按不低于工业用地出让最低价标准的 70%执行。

2013 年 3 月 22 日，济南市人民政府办公厅发布《济南市人民政府办公厅关于工业建设项目节约集约利用土地的实施意见（试行）》，要求强化土地利用计划调控，年度新增工业建设用地重点投向新信息、新能源及节能环保、新医药及生物、新材料和高端装备制造等战略性新兴产业及高新技术产业项目。

2013 年 11 月 18 日，《山东省人民政府办公厅关于进一步推进节约集约用地的意见》发布，提出山东省国土资源厅要会同有关部门适时修订完善土地使用标准体系，加强国家尚未颁布土地使用标准的产业（事业）项目和重点发展培育的战略性新兴产业项目土地使用标准的研究。

2016 年 5 月 9 日，寿光市人民政府印发《寿光市新兴产业项目用地地价指导目录》，对列入其中的新兴项目实行差别化地价政策。

2016 年 7 月 26 日，山东省人民政府发布《中共山东省委 山东省人民政府关于深化科技体制改革加快创新发展的实施意见》，提出要加快高新区和经济技术开发区转型发展，实施省级创新型产业集群试点，重点支持 20 个产业基础好、创新能力强的集群发展成为千亿级创新型产业集群。

2017 年 3 月 9 日，山东省人民政府发布《“十三五”战略性新兴产业发展规划》，指出要鼓励山东省内战略性新兴产业领军企业主导或参与建设国际合作产业园区。积极吸引有实力的国外企业到山东省投资，创建各类专业化产业园区。

6. 湖南

2009 年 2 月 17 日，《中共湖南省委 湖南省人民政府关于进一步促进产业园区发展的意见》发布，强调要加强对产业园区的土地管理，一是要建立用地保障机制，新增建设用地指标向园区倾斜，确保园区发展用地需求；二是要集约高效利用土地，设立湖南省存量土地资源库。

2010 年 8 月 25 日，湖南省人民政府发布《湖南省加快培育和发展战略性新兴产业总体规划纲要》，提出要做好新兴产业集聚工程，依托优势区域，培育一批创新能力强、创业环境好、特色突出、集聚发展的战略性新兴产业示范基地和园区，形成新的增长极，辐射带动湖南省经济发展。具体包括：一是加快产业区域集聚。按照产业基础和资源优势优化产业布局。二是加快产业基地建设。重点建设长沙新材料产业园等 19 个国家高技术产业基地专业园区，以及信息产业郴州基地等 8 个省级高技术产业基地。三是培育特色优势产业链，围绕整机产品和核心技术，发展配套企业，推进建设现代工程机械等 10 条千亿元规模的重大战略性新兴产业链。四是提升园区承载能力，科学规划园区土地利用，统筹园区与城市协调发展，加强园区公共服务平台建设。

2010 年 8 月 30 日，湖南省人民政府发布《中共湖南省委 湖南省人民政府关于加快培育发展战略性新兴产业的决定》，要求加强科技创新载体和基地建设，发挥各类开发区特别是高新园区的示范带动作用，培育一批科技企业孵化器和科技创业园。鼓励支持园区以免租、低租等方式对战略性新兴产业领域初创企业进行孵化。

2011 年 4 月 13 日，湖南省经济和信息化委员会印发《创建湖南省新型工业化产业示范基地管理办法》，强调要加速推进湖南新型工业化进程，加快传统优势产业转型升级和战略性新兴产业培育发展，并对湖南省新型工业化产业示范基地的类型、申报范围、管理办法、申报条件等方面做出规定。

2015 年 9 月 7 日，湖南省人民政府办公厅发布《关于进一步支持湘南承接产业转移示范区建设的若干政策措施》，要求积极支持示范区发展工业地产和推进创新创业园区“135”工程，重点支持示范区园区标准厂房建设。

2016 年 3 月 8 日，湖南省人民政府办公厅发布《关于支持加快民族地区产业园区建设发展的若干政策》，指出要支持民族地区产业园区加快培育发展战略性新兴产业和高新技术产业，优先支持园区符合条件的企业按程序申报国家相关专项。

2016 年 5 月 27 日，《湖南省人民政府关于进一步加强节约集约用地的意见》发布，要求落实差别化用地政策，优先保障新兴产业项目、符合产业优化升级和结构调整方向的重大项目等用地。

2016 年 7 月 4 日，湖南省人民政府办公厅印发《湖南省加快推进产业园区转型升级的实施方案（2016—2018 年）》，提出要强化土地集约利用，严格执行土地使用标准，加强土地开发利用动态监管。对产业园区闲置土地进行清理整顿，鼓励开展产业园区新增用地的前期开发和存量用地的二次开发，鼓励对现有工业用地通过追加投资、转型改造，提高单位土地面积投资强度和使用效率。

2016 年 8 月 24 日，湖南省发展和改革委员会印发《湖南省推进供给侧结构性改革促进产业转型升级规划（2016—2020 年）》，指出要推动产业集聚的突破。按照产业园区化、园区专业化、发展高新化的总体要求，推动园区规划布局、产业发展、基础设施全面转型升级。

2017 年 1 月 23 日，湖南省发展和改革委员会印发《湖南省“十三五”战略性新兴产业发展规划》，强调要打造新兴产业集聚工程，包括建设长株潭战略性新兴产业策源地、培育战略性新兴产业特色集聚区、培育战略性新兴产业特色集群等。

7. 河北

2011 年 12 月 31 日，河北省人民政府发布《关于加快培育和发展战略性新兴产业的意见》，提出要加速推进产业集聚发展，包括：立足构筑环首都绿色经济圈，建设一批新兴产业示范区和科技成果孵化园区；依托沿海经济隆起带和冀中南开放发展，培育壮大一批新兴产业集聚区；以加快培育大型企业集团为抓手，壮大产业集群。

2016年9月12日，河北省人民政府办公厅发布《河北省人民政府办公厅关于印发河北省战略性新兴产业发展“十三五“规划的通知》，指出要打造战略性新兴产业重点产业基地，包括壮大5个国家级战略性新兴产业集聚区、建设30个省级战略性新兴产业聚集区、发展一批特色战略性新兴产业集群。

8. 山西

2016年8月4日，山西省人民政府发布《山西省“十三五”战略性新兴产业发展规划》，指出要创新用地方式，探索建立以单位土地面积投资强度、产出效益、创造税收等为指标的分区域、分行业战略性新兴产业用地标准体系。在战略性新兴产业聚集区试点推行用地弹性出让和租赁制，缩短新增工业用地出让年限。充分发挥土地利用计划的调控作用，引导新增建设用地向战略性新兴产业倾斜。

9. 辽宁

2010年2月1日，辽宁省人民政府发布《辽宁省人民政府关于加快发展新兴产业的意见》，提出要提高土地等生产要素的供给强度。新增建设用地指标主要用于新兴产业基地和新兴产业项目建设，对重大项目由辽宁省“点供”用地指标。支持标准化厂房、公共服务平台和孵化器建设，为新兴产业发展提供载体。

2013年9月10日，沈阳市人民政府发布《沈阳市“十二五”战略性新兴产业发展规划》，要求优化配置土地等要素资源，包括加强土地政策支持、科学规划与建设新兴产业聚集区和加快聚集区配套基础设施建设。

2016年2月22日，辽宁省国土资源厅下发了《2016年土地利用计划的通知》，要求各地围绕培育和发展“六个新的增长点”，重点支持包括战略性新兴产业在内的多个产业发展用地。

2017年6月20日，辽宁省人民政府办公厅发布《辽宁省经济开发区总体发展规划（2017—2020年）》，要求积极部署战略性新兴产业和高新技术产业，在经济开发区内建设一批特色产业区中园和新兴产业园区，并且要切实提高土地利用效率，重点保障经济开发区内与区域资源环境和发展条件相适应的主导产业用地，合理布局战略性新兴产业，引导产业集聚、用地集约。

2017年7月10日，锦州市人民政府发布《锦州市培育和发展战略性新兴产业三年行动计划（2017—2019年）》，要求加大引导产业集聚。新兴产业依托

"6921"工程进行整体规划布局，大力发展战略性新兴产业集群，发挥产业集群辐射带动作用，引导生产要素向产业集群和优势企业集聚，战略性新兴产业享受"6921"工程的相关优惠政策。

10. 重庆

2009 年 9 月，重庆市人民政府发布《重庆市土地利用总体规划（2006—2020 年）》，要求限制占地多、消耗高的加工业用地，保障高新技术、循环经济和现代服务业等产业发展用地，促进产业结构升级。

11. 黑龙江

2010 年 7 月 18 日，黑龙江人民政府出台《关于支持全省项目建设的若干政策》，提出要优先保证战略性新兴产业项目用地。

2010 年 7 月 28 日，黑龙江省人民政府发布《黑龙江省关于促进战略性新兴产业加快发展的若干政策措施》，要求扶持战略性新兴产业园区建设，新增建设用地指标向战略性新兴产业园区和产业重点项目倾斜。

2017 年 1 月 26 日，黑龙江省国土资源厅印发《黑龙江省国土资源"十三五"规划》，强调要实行差别化供地政策。重点支持战略性新兴产业集聚发展，试点实行弹性出让年限及长期租赁、先租后让、租让结合的土地供应方式。完善用地政策，引导产能过剩行业、"僵尸企业"退出、转产和兼并重组。

12. 江苏

2012 年 7 月 12 日，江苏省人民政府发布《江苏省推进重大项目加快转型发展意见的通知》，提出在用地指标安排上，对省确定的 200 个重大项目，由省国土资源部门给予优先保障，其中，单体产业项目用地根据年度投资计划安排，区分轻重缓急，按照突出重点、节约集约的原则，由省国土资源部门重点保障，分期分批安排。

2014 年 2 月 20 日，无锡市人民政府发布《关于进一步推进战略性新兴产业发展的实施意见》，提出要加强项目用地支持力度，年度用地计划优先安排战略性新兴产业重点载体和项目建设。

2014 年 6 月 17 日，江苏省人民政府发布《中共江苏省委 江苏省人民政府关于全面推进节约集约用地的意见》，要求新增建设用地计划指标重点支持战略性新兴产业等发展用地。支持国家级、省级开发园区建设，推进创新型园区和新型工业化产业示范基地建设，促进产业转型升级和创新发展能力的提升。

2016 年 6 月 17 日，徐州市人民政府办公室出台《关于推进供给侧结构性改革支持产业发展用地的意见》，要求实施差别化地价政策，促进产业集聚发展。

2016年8月31日，江苏省人民政府办公厅发布《江苏省人民政府办公厅关于改革工业用地供应方式促进产业转型升级企业提质增效的指导意见》，指出工业项目用地应实行差别化的供应政策。对战略性新兴产业优先安排供地，引导土地要素资源集聚。

13. 浙江

2011年5月16日，浙江省国土资源厅发布《关于加强国土资源调控监测工作的通知》，要求组织开展国土资源专项调研，积极参与海洋经济示范区建设资源要素保障课题研究，配合做好战略性新兴产业等差别化用地政策调研，开展国土资源年度供需总量平衡研究。

2012年2月7日，浙江省人民政府办公厅发布《浙江省人民政府办公厅关于切实做好省级产业集聚区产业引导和项目准入工作的意见》，对省级产业集聚区的重点产业方向、项目准入基本要求和政策保障做出规定，并强调在建设用地方面，要对省级产业集聚区切块下达年度新增建设用地指标，以有效保障省级产业集聚区重大建设项目需要。

2012年6月28日，杭州市萧山区人民政府出台《关于鼓励工业新兴产业发展的政策实施细则》，规定对通过二级市场购买存量土地、厂房发展新兴产业的企业发放项目奖励。

2012年7月13日，浙江省人民政府办公厅发布《浙江省人民政府办公厅关于建立我省重大产业项目用地保障机制的意见》，对于省重大产业项目用地的项目申报、项目审查、用地保障、用地组件报批、土地供给与开发建设和计划指标奖励做出规定。

2012年11月2日，浙江省人民政府发布《浙江省人民政府关于进一步提升全省开发区发展水平的指导意见》，要求集约高效利用土地资源，积极推动重大项目向开发区集中、优质资源向优势产业集聚。调整优化开发区用地结构，提高开发区的投资强度和产出效益。

2014年5月5日，浙江省人民政府发布《浙江省人民政府关于全面推进城镇低效用地再开发工作的意见》，要求推进产业结构调整和升级。严格土地使用标准，加强项目准入管理，实施差别化土地管理政策，优先保障战略性新兴产业等用地，加快推进产业结构调整和升级。

2014年6月12日，嘉兴市人民政府发布《嘉兴市人民政府关于推进“空间换地”深化节约集约用地的实施意见》，强调通过创新产业用地供应方式和实施差别化地价政策为战略性新兴产业提供支持。

2014年8月12日，杭州市人民政府办公厅发布《杭州市推进“空间换地”实施“亩产倍增”行动方案（2014—2017年）》，加强土地利用计划引导，实行用地指标差别化管理，严格执行产业项目投资总额、投资强度、亩均产值、亩均税收等准入指标。优化项目用地条件，提高土地集约利用水平。

14. 安徽

2013年2月1日，合肥市人民政府发布《合肥市国土资源管理规定》（试行），提出合肥市用地计划优先安排民生工程、基础设施、公共服务设施、生态环境保护、战略性新兴产业等项目用地。

2017年5月27日，安徽省人民代表大会常务委员会发布《安徽省促进战略性新兴产业集聚发展条例》，要求县级以上人民政府对战略性新兴产业集聚发展项目用地应当重点保障、优先安排。在战略性新兴产业集聚发展区域运用多种方式供应新兴产业用地，制定促进战略性新兴产业集聚发展的兼容性地类和有关控制指标。

2017年7月14日，安徽省人民政府发布《安徽省人民政府关于促进全省开发区改革和创新发展的实施意见》，要求完善开发区土地利用机制。各地新增工业和生产型服务业用地计划原则上安排在开发区。每年选择20%左右发展较好、用地集约的开发区，在安排年度新增建设用地指标时给予适度倾斜。在开发区内大力培育发展战略性新兴产业，依托战略性新兴产业集聚发展基地，在有条件的开发区优先布局工程（技术）研究中心、工程实验室、国家（部门）重点实验室等新型研发机构，对新认定的上述机构按照规定给予支持。

15. 海南

2009年7月30日，海南省人民政府发布《海南省促进高新技术产业发展的若干规定》，指出对依法规划为高新技术产业的项目用地，土地行政主管部门应及时依法办理用地手续。

2011年4月12日，海南省人民政府发布《海南省人民政府关于承接产业转移的实施意见》，要求在坚持节约、集约用地的前提下，加大支持并优先安排产业转移园区新增建设用地年度计划指标，增加保障性住房、科研项目等配套公益性项目的用地指标。对达到一定投资规模和投资强度的工业项目用地，进一步完善体现海南省产业政策导向的最低价标准实施政策，实施更加灵活的工业用地弹性出让和年租制度。

2011年5月6日，海南省人民政府发布《海南省人民政府关于加快培育和发展战略性新兴产业的实施意见》，要求在坚持节约集约用地的前提下，对战略性新兴产业项目，优先安排用地预审，确保项目及时落地、按期投产；统筹协调战略性新兴产业特别是集中区的用地需求。

2011 年 7 月 20 日，海南省人民政府发布《海南省鼓励和支持战略性新兴产业和高新技术产业发展的若干政策（暂行）》，要求将战略性新兴产业项目优先纳入各级土地利用总体规划和土地利用年度计划，优先保障项目用地计划指标。对产业园区内的项目用地，在不改变土地用途的前提下，提高土地利用率和增加容积率的，可以不再增收土地出让金，鼓励企业集约用地。

2012 年 5 月 14 日，海南省人民政府发布《海南省人民政府关于做好 2012 年度省重点项目用地保障工作的通知》，要求对战略性新兴产业所需新增建设用地计划指标予以优先和重点保障。

2014 年 3 月 18 日，海南省人民政府发布《海南省人民政府关于进一步做好省重点项目用地服务保障工作的通知》，要求切实做好省重点项目用地计划指标保障工作，要根据各个重点项目的建设年限、年度投资计划、项目进度等情况，按时序分期予以保障项目新增建设用地计划指标。

2015 年 11 月 24 日，海南省人民政府发布《海南省人民政府关于在省级园区实行飞地经济政策的实施意见（试行）》，提出对战略性新兴产业项目可适当降低“飞地”项目准入标准，具体由飞入地园区确定。

2017 年 3 月 16 日，海南省人民政府发布《海南省省级高新技术产业开发区认定及管理办法》，对高新技术产业开发区的认定条件、认定工作程序、管理办法、扶持政策等方面做出规定。

16. 天津

2010 年 7 月 24 日，天津市人民政府发布《关于下达我市 2010 年土地利用计划的通知》，明确提出要积极支持自主创新与战略性新兴产业建设用地，提升经济发展动力和活力。

2014 年 1 月 29 日，天津市人民政府印发《天津市万企转型升级行动计划（2014—2016 年）》，鼓励集约、节约用地，规定转型升级用地性质为纯生产型工业用地的，允许增加规模，免收地价。城乡总体规划建设用地范围外的工业园区，可局部调整规划。

2017 年 4 月 29 日，天津市人民政府办公厅发布《天津市人民政府办公厅关于贯彻落实“十三五”国家战略性新兴产业发展规划的实施意见》，要求坚持因地制宜、因业布局，发挥现有产业集聚区作用，采用市场化方式促进产业集聚，培育特色鲜明、协同发展的优势产业集群和特色产业链，实施产业布局优化工程，培育战略性新兴产业特色集群。

17. 河南

2012年8月17日，河南省人民政府发布《河南省“十二五”战略性新兴产业发展规划》，强调要对战略性新兴产业的骨干企业进行土地资源优先配置，促进企业做大、做强。

2012年11月1日，河南省人民政府办公厅发布《河南省推动科技创新培育战略性新兴产业专项工作方案》，要求优先保障土地及环境容量，将战略性新兴产业重大项目用地纳入土地利用总体规划，设立审批“绿色”通道；由河南省国土资源厅督办战略性新兴产业重大项目用地事项，限时解决；综合运用国家支持中原经济区建设的有关土地政策，统筹新增建设用地计划指标、城乡建设用地增减挂钩指标等用地指标，全力保障战略性新兴产业重大项目用地需求。

2017年1月6日，河南省人民政府办公厅发布《河南省“十三五”战略性新兴产业发展规划》，要求将符合条件的战略性新兴产业项目，优先列入省、市重点项目，优先安排土地指标。

2017年3月14日，河南省人民政府办公厅发布《河南省人民政府办公厅关于加快培育发展新兴产业集群的实施意见》，要求完善新兴产业园区配套功能，推动各地优化产业布局，重点依托产业集聚区规划发展新兴制造业产业园区，依托服务业“两区”（商务中心区、特色商业区）和专业园区规划发展新兴服务业产业园区，并在用地指标、土地出让价格等方面倾斜支持。

18. 四川

2010年2月2日，四川省人民政府发布《四川省科技创新产业化基地建设规划（2008—2012年）》，要求对于科技创新产业化基地要保障土地供给，对重点高新技术企业和科技创新项目用地给予优先支持。对一次性缴纳土地出让款有困难的重点企业和项目，可依法以租赁方式取得国有土地使用权。

2012年4月2日，四川省人民政府发布《四川省“十二五”开发区发展规划2012年实施计划》，要求要有序推进园区建设，积极推动认定一批省级高新技术产业园区；进一步推动和加强园区土地节约集约利用和供后监管工作，优化土地利用结构，着力提高园区土地投资强度和产出效益。

2017年1月23日，四川省人民政府发布《四川省高新技术产业园区认定和管理办法》，对高新技术产业园区认定范围、主要任务、认定标准和认定程序等方面做出明确规定，并且要求对园区提升发展高新技术主导产业提供支持。

6.2.3　国内政策盘点总结

综合研究各地出台的相关政策，按其施策目标的差异，大致可分为两类。

一是以产业转型升级和扶持战略性新兴产业为目标，将土地作为生产要素之外、众多产业调整管理工具中的一种，围绕土地进行的制度设计是为了更好地服务于战略性新兴产业发展。该类土地政策目标指向性单一、直接，制度设计是为了更好地扶持、补贴战略性新兴产业，并提高淘汰企业的生产经营成本，针对性较强，效果明显，但土地管理系统性偏弱，对于战略性新兴产业后续用地监督、退出考虑较少。

二是以挖掘土地利用潜力，提高节约、集约利用土地水平为目标，以转变土地利用方式促进经济转型升级。该类土地政策主要目的是促进节约、集约利用土地，产业用地布局和调整仅是该目标项的组成部分，一般遵循上位文件的原则性、指引性规定，关于产业调整的规定较为原则化，操作上需要进一步细化。

第 7 章　完善战略性新兴产业土地政策体系的建议

在总结国内外战略性新兴产业土地政策经验的基础上，从规划、供地、审批、批后监管、批后评估等关键节点建立全方位、循环式土地政策支撑体系，形成不同环节土地管理的差异化组合，制订针对战略性新兴产业发展的用地指导方案，并从统筹产业调整和用地规划、创新差异化土地供应政策、实施土地税收政策调控、完善土地耕地和退出机制、规范土地监管政策、形成多方联动机制等方面提出政策建议。

7.1　系统构建政策支撑框架体系

战略性新兴产业用地管理呈现出两方面的显著特征，即用地供需的系统性、用地时间的生命周期性。完整的战略性新兴产业土地政策支撑框架体系，亟待立足差异化进入、过程动态管理、更新和退出三个基本政策模块，构建包含产业调整、用地规划、价格调节、批后监管、服务配套、效应评估、产业转型、退出选择等全面、动态的政策支撑框架体系，如图 7-1 所示。

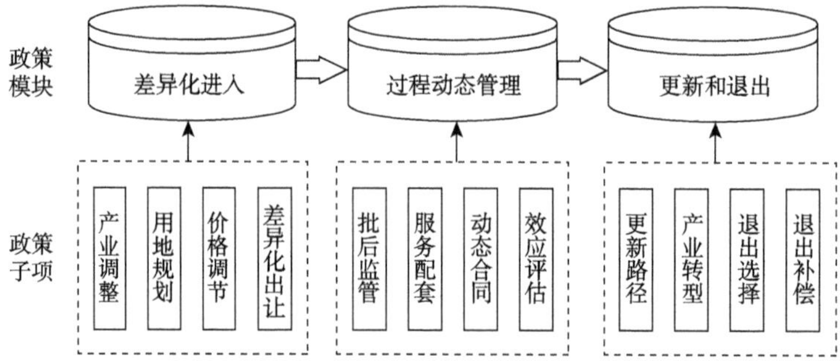

图 7-1　战略性新兴产业土地政策支撑框架体系

立足三个基本政策模块，综合考虑国家、区域、市（县）的宏观、中观、微观层面管理特征，细化制定政策子项目，并完善政策内容。政策框架体系的构建既要贯彻落实国家相关政策，又要考虑到各地实际情况，既要规划指导全局又要兼顾各市（县）自身特色。差异化进入应在《中华人民共和国土地管理法》等法律法规范畴内寻求实施创新，保障基本公平，畅通差异化进入渠道；过程动态管理需明确服务、管理双重责任，完善服务配套，加强用地过程监管，开展用地效益评估；更新、退出需充分做好转型方向引导，及时把握更新和退出时机。

战略性新兴产业土地政策支撑框架体系中，各个环节都是体系系统相对封闭循环的重要环节。产业政策调整作为战略性新兴产业用地发展的起点，起到关键的引领作用，战略性新兴产业土地的用地规划、价格调节、差异化出让必须在处理好战略性新兴产业和传统产业关系的基础上，进行统筹安排，合理安排战略性新兴产业用地企业有序落子布局，以统筹用地方案提升土地开发集聚效应。土地审批环节应严格依法，应对区域条件创新价格调整、差异化出让程序，以差异化出让促进土地资源节约、集约利用，以有限的土地供应具有战略性作用的新兴产业项目。土地审批通过之后不可“一供了之”，批后监管是检验政策实际执行成效的必要机制，批后监管既可避免囤地、骗地的虚假用地行为，也可为用地信息反馈、用地更新和退出提供基础信息。定期进行效应评估，考核土地利用效率，做出节约、集约用地评价，运用政策手段促进用地升级，淘汰低效用地企业，实施退出机制，并重新引进鼓励类企业，作为政策工作的联系模块，将使土地利用、政策运行得到高效循环。

7.2　统筹产业调整和用地规划

产业调整依赖于社会经济分析和预测，科学的产业调整始终应作为战略性新兴产业土地政策执行的基础，以产业调整引领用地规划，确立有效的土地利用规划方案，统筹产业升级发展与土地可持续利用作为政策制定的目标，提升湖北省战略性新兴产业用地的政策层次。同时，保证土地利用和城市规划及湖北省战略性新兴产业发展规划之间的协调性，经批准设立的工业园、科技园、开发区等战略性新兴产业用地必须纳入城市建设用地中，进行合理布局、统一供应。

在国土资源部门历年修编的《湖北省土地利用总体规划》中，增添针对性的用地规划，保障战略性新兴产业发展用地，对分区用地进行新的配置，在此基础上确立湖北省战略性新兴产业的用地规模，引导传统产业向战略性新兴产业靠拢，确保企业能准确、及时地进行用地投资。

科学合理的产业布局不仅能够最大限度地激发企业的生产效率，而且对于促进区域经济的可持续协调发展方面大有裨益。湖北省土地面积辽阔，大小市

（州）众多，政治经济发展水平参差不齐，战略性新兴产业大多趋向于集聚在经济较为发达的城市，应根据各地资源、环境、经济等方面的特色出台具有针对性的支持政策，认真做好土地利用总体规划与区域发展、产业布局、生态环境建设等相关规划的衔接协调，把握时间节点，细化政策方案，抓住关键，突出重点，统筹推进，帮助经济较为落后的地区吸引鼓励类新兴产业的进入，缩小经济差距，引导战略性新兴产业平衡空间布局。

根据湖北省下发的“万亿产业、千亿园区、百亿企业、十亿产品”工作目标，湖北省应突出重点和特色，加强分类指导，引导区域发展分工与合作，优化空间布局，推进区域协调发展。一要促进武汉东湖国家自主创新示范区率先发展战略性新兴产业。抓住支持东湖新技术开发区建设的契机，发挥开发区的先行政策支持，培养一批战略性新兴产业先行产业。将光电子信息、生物产业、节能环保、新材料及高端装备制造业等产业作为湖北省发展经济的新推动点。二要提升中心城市战略性新兴产业发展水平。抓住武汉、襄阳、宜昌等主要城市的产业基础，发挥带动效应，带动湖北省内其他城市的产业。以先导先行优势为周边城市的发展提供资金、经验及技术指导支持。三要支持具有地域优势的地区发展特色新兴产业。引导扶持部分地区结合资源及产业基础优势，根据具体区位环境，进行地域性产业发展，促进湖北省范围内的产业联动。

7.3 创新差异化土地供应政策

促进战略性新兴产业发展的土地供应政策要以保障产业结构调整为核心目标，实施差异化土地供应，保证土地资源配置适应其产业发展规律，以实现综合效益最大化。通过价格调节、供地优惠等政策措施加强产业培育；通过差异化供地破除战略性新兴产业用地障碍。

1. 规范升级准入标准

在土地供应政策中调整产业园区准入标准，可参考试点地区的集约、节约用地经验，通过设置湖北省战略性新兴产业用地准入门槛，在土地供应前期对企业的创新能力和产出能力进行考核，以满足不同产业类型企业的不同用地需求，也为传统企业转型升级提供一个标准化的用地评价体系。

2. 差别化供地

在供地模式上创新，从出让价格、供地年限和出让方式上着手，实行弹性土地供应管理。对战略性新兴产业用地可适当降低土地出让起始价，但需建立出让价格的最低标准，转型升级的传统产业企业可享受同等待遇的安排，如对开展科研创新活动的生产企业采用不同的供地方式，协议出让和招标、拍卖、挂牌的方法可以合理结合，也应仔细区分。

3. 加大用地保障力度

保障用地规模不受局部用地限制。对不断涌现的新产业、新业态，不仅要重点保障当前国家鼓励发展的战略性新兴产业、“中国制造 2025”和“互联网+”等新产业用地，而且各地也可结合地方实际，确定当地重点发展的新产业，纳入重点保障范围。

用地优先安排，集中部署。各地可结合地方实际，确定当地重点发展的新产业，优先安排用地供应。对新产业发展快、用地集约且需求大的地区，可在中长期规划指标内，适度增加年度新增建设用地指标，同时细化战略性新兴产业用地地类支撑。针对新产业、新业态呈现的“产学研用”联动融合、多种用地类型混合的特点，在土地用途确定上，明确项目所属产业类别，并按照不同标准落实用地，以主体功能形式供地，完善用地类型配套。

4. 拓展供地方式

对多功能用地需求，可以兼容性地分类实施供地管理，对不占压土地、不改变地表形态的用地部分，可按原地类认定和管理；对新能源汽车充电设施、分布式光伏发电设施等布点分散、单体规模小的新产业配套基础设施，可采取配建方式供地；出让新产业用地依法必须以招标、拍卖、挂牌方式供应的，在公平、公正、不排除多个市场主体竞争的前提下，可将投资和产业主管部门提出的产业类型、生产技术、产业标准、产品品质要求作为土地供应前置条件；允许在不突破现行集体建设用地法律法规的基础上使用集体建设用地，在试点地区创新集体经营性建设用地利用方式；在已有使用权人的土地、建筑物、构筑物上布设新能源汽车充电设施、无线通信基站、分布式光伏发电设施等小型设施，鼓励以地役权方式使用土地。

7.4　实施土地税收政策调控

土地税收是土地政策进行宏观调控的重要手段，规范战略性新兴产业土地税收尤为重要，可从土地占有环节对战略性新兴产业企业设置产业用地目录，视情况征收土地使用税，对不同产业用地形式，以统筹的产业政策为引导，实施差异化土地税收政策，引导产业转型。例如，2014 年，上海发布的《关于进一步提高本市土地节约集约利用水平的若干意见》里明确提出“制订试行差别化的土地使用税征收政策”等指导意见。对战略性新兴产业企业用地状况进行评估，对于企业规模小、发展潜力大的战略性新兴产业企业，可降低物业税率，进行增值税的税收优惠。增设土地闲置税，国土资源部门可建立评估体系，对企业用地效率进行评估，对闲置、低效用地的单位和个人，收取高于平均水平的土地闲置税，提高囤地成本，减少囤地、炒地行为，减少土地浪费。除此之外，对湖北省确定的优先发展的战略性新兴产业项目，在土地购买、租赁上也可提供一定的价格优惠。

7.5 完善用地更新和退出机制

生态环境污染、土地利用低效，是传统工业用地的弊端。低效工业用地不仅占用土地资源，而且会对环境造成严重污染，土地闲置则是在土地资源稀缺的大环境下对珍贵资源不负责任的一种体现，两者都是对稀缺土地资源的利用失效。政府应当及时建立健全低效工业用地退出机制，定期实施动态化跟踪评估、细化考核指标、明晰督办考核标准，对污染大、效益低的企业实施多种方式的更新和退出措施，同时鼓励发展战略作用显著、土地产出综合效益高的新兴产业落户。对于闲置土地，要充分利用现代信息技术手段，确保闲置土地及时核算，全面覆盖。根据闲置土地的产生原因、规划条件、资金实力和开发意愿等实际情况，分门别类，逐一制定切实可行的处置措施。依法协商收回尚不能开发的土地，对合法在建项目加强监督，减少闲置。

依据低效工业用地退出过程的主体地位、土地功能形式及实施制度环境综合划分。低效工业用地退出主要有四种模式：回购收储模式、功能转换模式、自主改造模式和市场流转模式。针对低效工业用地退出四种模式的关键障碍，在未来政策调整、制度环境建设的过程中应区别对待。回购收储模式制度完善的关键是工业用地出让制度，应明晰回购条款的规范设置，依据工业区产业类型设定工业用地使用年限，以短期、中期、长期相结合的出让或出租形式丰富用地形式。功能转换模式制度完善的关键是在用地出让过程严格依托公开出让制度，有效遏制更新过程中存在的土地寻租行为，促进土地使用权在充分竞争的环境下向高效用地主体流转。自主改造模式制度完善的关键是加强市场参与，提高多主体参与水平，优化土地资源配置及市场价格机制，以市场促进主体参与能力提升。市场流转模式制度完善的关键是加强政府引导，提高土地资源市场的宏观调控能力，主要依赖于城市规划、供地、土地利用监管、用地过程评估与退出标准，以及更新开发管理等实践政策的完善，使用地行为与城市宏观管理相契合，提高政府引导水平。

为减少土地闲置情况，定期对土地使用权证年检及履约考核，对企业用地情况进行监督。进行供地后的情况监督和评估，建立信用数据库和奖惩机制，及时更新、检查企业用地建设是否规范，是否符合供地规划时的土地评价标准。对存在土地闲置情况的战略性新兴产业企业，要进行清理和处置，并加强对闲置土地有关处罚政策执行情况的监督检查，及时纠正闲置土地处置不到位等问题。

7.6　规范土地监管政策

土地监管是土地政策的一个关键环节，规范湖北省战略性新兴产业发展的土地监管可以从两方面内容入手。

1. 完善多元化监管，建立部门联动机制

为确保新产业、新业态发展用地落实，进一步细化土地供应计划管理方式，明确由投资、产业部门提出新产业发展用地需求，城乡规划部门提出用地布局、建设时序意见，国土资源部门编制和落实土地供应计划；为提高过渡期政策的针对性和可操作性，准确界定政策适用对象，可由投资、产业部门提供证明，实施多元化联动监管，作为国土资源部门执行政策的依据。

2. 建立共同监管机制

土地供应时提出产业类型等相关要求作为供应条件的，在土地成交后，提出要求的部门应要求土地使用权取得人提交项目用地产业发展承诺书，并对承诺书的履行进行监督；利用现有建设用地兴办新产业、新业态项目的，由提出证明文件的政府部门对其经营方向进行监管；明确监管方式，通过建立定期核验评估制度，切实履行政府部门的监管职责。

7.7　形成多方联动机制

战略性新兴产业土地政策依赖于差异化进入、过程动态管理、更新和退出三

大基本模块的有序运行。在闭合循环管理系统中涉及政策管理指令的发布者、监督机制、反馈机制的执行者等多方主体，在多方主体作用下实现螺旋式升级的用地效益。执行过程中又需综合法律法规、财政政策、货币政策、产业政策、科技政策、技术和市场政策等不同政策工具，涉及不同的主体和客体，形成利益联结的复合主体。

多方联动机制一是要在政策制定和执行过程中充分考虑各方的需求，建立影响各方的激励、约束机制，促成土地政策向有利于战略性新兴产业发展的方向发展；二是根据战略性新兴产业的不同行业特点和不同发展阶段用地特征，形成多方联动机制，增强各项政策之间的协调性，才能有效发挥土地、财政、税收、市场等的综合调控作用。多方主体的参与既有政府的公共管理，又有第三方社会组织的积极参与，更需要调动战略性新兴产业企业参与建设的主动性。例如，2012年，为发展新一代信息技术产业，北京市发布的《智慧北京行动纲要》提出，以信息技术引领城市发展方式变革，实现城市跨越式发展的目标。正是在这样的背景下，信息网络产业新业态创新企业遴选应运而生，在遴选工作执行过程中充分运用了多主体联动机制。以北京市经济和信息化委员会（现为北京市经济和信息化局）作为工作统筹单位，北京信息化协会、北京软件和信息服务业协会、北京通信信息协会、北京软件和信息交易服务所等社会组织联合作为主办单位，北京合众万兴投资顾问有限公司等企业作为承办方，开展入选企业遴选，确定战略性新兴产业政策支持企业。

完整的战略性新兴产业土地政策体系应当由五个模块组成：政策规划、统筹供应、土地审批、批后监管、效应评估。在接受政策鼓励类企业进入时应当综合考虑宏观、中观、微观层面再制定政策规划，既要贯彻落实国家相关政策又要考虑到湖北省省情，既要规划指导全局又要兼顾各市（州）自身特色。土地供应必须统筹安排，切忌零散分拨，合理安排用地企业布局延长产业链。土地审批环节应严格把关，杜绝鱼目混珠现象的产生，以节约、集约利用土地资源为宗旨，将有限的土地提供给具有发展优势的政策鼓励类的企业。土地审批通过之后不可“一供了之”，批后监管是重中之重，监督可减少企业乱象，有助于企业发展。定期进行效应评估，考核土地利用效率，做出节约、集约用地评价，运用政策手段使淘汰类企业退出并重新引进鼓励类企业，可有效循环利用土地。

参 考 文 献

白雪，文景瑜. 2014. 东莞市产业结构与土地利用结构的相关性研究[J]. 特区经济，（1）：48-50.

彼得斯 B G，冯尼斯潘 F K M. 2007. 公共政策工具：对公共管理工具的评价[M]. 顾建光译. 北京：中国人民大学出版社.

蔡德发. 2012. 战略性新兴产业税收激励政策研究[D]. 哈尔滨商业大学博士学位论文.

蔡宇飞. 2011. 对战略性新兴产业选取的研究——以武汉东湖开发区为例[D]. 华中科技大学硕士学位论文.

蔡祖国，王林. 2010. 台湾地区科技园区产权制度探析[J]. 科学学与科学技术管理，（7）：38-53.

陈锦其，徐明华. 2013. 战略性新兴产业的培育机制：基于技术与市场的互动模型[J]. 科技管理研究，33（2）：97-101，108.

陈柳钦. 2011. 战略性新兴产业自主创新问题研究[J]. 中国地质大学学报（社会科学版），11（3）：56-61.

陈强，陈凤娟，刘园珍. 2015. 韩国创新驱动发展的路径与特征分析[J]. 科学管理研究，33（3）：115-118.

陈振明. 2003. 政治与经济的整合研究——公共选择理论的方法论及其启示[J]. 厦门大学学报（哲学社会科学版），（2）：30-39.

陈振明，等. 2009. 政府工具导论[M]. 北京：北京大学出版社.

程啸天. 2011. 政策工具视角下的中国风电产业政策文本内容分析[D]. 浙江大学硕士学位论文.

程瑶. 2011. 税收的土地资源配置效应研究[J]. 北京理工大学学报（社会科学版），13（1）：6-14.

丛艳国，魏立华. 2006. 土地紧缩政策下珠江三角洲工业园区发展态势分析[J]. 城市发展研究，13（6）：87-91.

但承龙，熊华. 2010. 海南土地利用结构与产业发展关系研究[J]. 资源科学，32（4）：718-723.

董晓宇，唐斯斯. 2013. 我国地方政府发展战略性新兴产业的政策比较[J]. 科技进步与对策，30（1）：119-123.

豆建民，汪增洋. 2010. 经济集聚、产业结构与城市土地产出率——基于我国 234 个地级城市 1999—2006 年面板数据的实证研究[J]. 财经研究，36（10）：26-36.
杜丹，李奎. 2011. 广东发展战略性新兴产业的政策选择[J]. 特区经济，（2）：26-27.
杜兴益. 2015. 以土地流转为依托 积极推进农业园区建设——记贵州省平塘县白龙现代高效农业示范园区建设启示[J]. 北京农业，（9）：249.
樊元，李丽媛，同小歌，等. 2014. 财税政策和金融政策对中国高技术产业集聚效应分析——基于五大行业灰色综合关联度[J]. 科技管理研究，（7）：177-180.
范鹏飞，朱蕊，黄卫东. 2011. 我国物联网商业模式的选择与分析[J]. 通信企业管理，（4）：72-75.
冯经明. 2013. 创新驱动，转型发展，加快上海大都市科学发展[J]. 上海城市规划，（1）：1-4.
付大军. 2015. 面向两化融合的北京市战略性新兴产业发展模式与政策选择研究[D]. 北京理工大学博士学位论文.
付广军. 2011. 税收与战略性新兴产业[M]. 北京：中国市场出版社.
高向军，董菊卉，彭爱华，等. 2012. 促进产业转型升级的用地政策评析：基于沪浙闽地区的调研[J]. 中国土地科学，26（5）：4-9.
辜胜阻. 2011. “十二五”经济转型需实现六大转变[J]. 经济界，（3）：4-7.
顾湘. 2007. 区域产业结构调整与土地集约利用研究[D]. 南京农业大学博士学位论文.
郭连强. 2011. 国内关于“战略性新兴产业”研究的新动态及评论[J]. 社会科学辑刊，（1）：152-155.
韩超. 2014. 战略性新兴产业政策依赖性探析——来自地方政府补贴视角的实证检验[J]. 经济理论与经济管理，（11）：57-71.
韩霞，朱克实. 2014. 我国战略性新兴产业发展的政策取向分析[J]. 经济问题，（3）：1-5.
韩跃. 2014. 战略性新兴产业空间布局研究——以北京市为例[D]. 首都经济贸易大学博士学位论文.
何立春. 2015. 新型城镇化、战略性新兴产业与经济发展[J]. 财经问题研究，（5）：48-52.
洪功翔，张磊. 2012. 促进安徽战略性新兴产业快速发展的人才队伍建设研究[J]. 安徽工业大学学报（社会科学版），29（5）：21-23，28.
洪勇，张红虹. 2015. 新兴产业培育政策传导机制的系统分析——兼评中国战略性新兴产业培育政策[J]. 中国软科学，（6）：8-19.
侯玲玲. 2013. 传统产业转型升级促进政策的研究：基于“多视角”的政策文本计量分析[D]. 中南大学硕士学位论文.
胡斌，汪泓. 2014. 战略性新兴产业发展的需求创新政策框架体系设计[J]. 工业技术经济，33（5）：117-123.
胡汉辉，周海波. 2014. 战略性新兴产业发展陷阱：表现、成因及预防[J]. 科技进步与对策，31（3）：61-66.

胡赛全，詹正茂，钱悦，等. 2013. 战略性新兴产业发展的政策工具体系研究——基于政策文本的内容分析[J]. 科学管理研究，（3）：66-69.
胡毅，刘晖，乔晗，等. 2014. 战略性新兴产业创新驱动发展的关键要素研究[J]. 科技促进发展，（6）：31-42.
华文. 2010. 集思广益：战略性新兴产业的科学内涵与领域[J]. 新湘评论，（11）：12-15.
黄幸婷，杨煜. 2010. 后危机时代战略性新兴产业发展研究——基于核心技术联盟知识创造过程的视角[J]. 中国科技论坛，（8）：36-40，80.
黄奕信. 2016. 供给侧改革视角下的中国战略性新兴产业发展战略研究[J]. 改革与战略，32（6）：54-57.
贾剑锋. 2011. 现代化进程中价值理性反思的问题意识与原因探析[J]. 价值工程，30（25）：294-295.
姜大鹏，顾新. 2010. 我国战略性新兴产业的现状分析[J]. 科技进步与对策，27（17）：65-70.
姜江. 2010. 世界战略性新兴产业发展的动态与趋势[J]. 中国科技产业，（7）：54-59.
金祥荣，朱希伟. 2002. 专业化产业区的起源与演化：一个历史与理论视角的考察[J]. 经济研究，（8）：74-82.
靳瑞萍. 2010. 深圳市产业结构与用地结构的互动关系研究[J]. 内蒙古师范大学学报（自然科学汉文版），39（1）：59-65.
李勃昕，惠宁. 2013. 战略性新兴产业指标体系的省际区别：新能源汽车例证[J]. 改革，（3）：45-52.
李东霖. 2015. 战略性新兴产业发展研究[D]. 中共中央党校博士学位论文.
李方旺. 2015. 基于效率评价的我国战略性新兴产业财政政策体系研究[D]. 中国科学技术大学博士学位论文.
李金华. 2014. 中国战略性新兴产业空间布局雏形分析[J]. 中国地质大学学报（社会科学版），14（3）：16-20.
李金华. 2015. 中国战略性新兴产业空间布局现状与前景[J]. 学术研究，（10）：76-84.
李铃. 1999. 论地价政策[J]. 中国土地科学，（2）：39-44.
李培祥. 2010. 城市土地利用结构转换与产业结构演变关系分析——以广东城市为例[J]. 资源与产业，12（2）：140-144.
李朴民. 2010. 关于加快培育战略性新兴产业的思考[J]. 中国经贸导刊，（8）：10-11.
李胜会，刘金英. 2015. 中国战略性新兴产业政策分析与绩效评价——“非政策失败理论”及实证研究[J]. 宏观经济研究，（10）：3-23.
李天舒，张天维. 2010. 战略性新兴产业的领域选择和政策取向[J]. 特区经济，（10）：220-222.
李小静，孙文生. 2016. 政府干预、所有权与战略性新兴产业自主创新效率研究[J]. 河北经贸大学学报，37（3）：89-95.

李晓华，吕铁. 2010. 战略性新兴产业的特征与政策导向研究[J]. 宏观经济研究，（9）：20-26.
廖永林. 2008. 土地管理制度与政策[M]. 北京：中国财政经济出版社.
林学军. 2012. 战略性新兴产业的发展与形成模式研究[J]. 中国软科学，（2）：26-34.
刘澄，顾强，董瑞青. 2011. 产业政策在战略性新兴产业发展中的作用[J]. 经济社会体制比较，（1）：196-203.
刘丹丹. 2016. 我国货币政策与汇率政策联动效应研究[D]. 东华大学硕士学位论文.
刘凤朝，孙玉涛. 2007. 我国科技政策向创新政策演变的过程、趋势与建议——基于我国289项创新政策的实证分析[J]. 中国软科学，（5）：34-42.
刘海燕，方创琳，班茂盛. 2008. 北京市海淀科技园区土地集约利用综合评价[J]. 经济地理，（2）：291-296.
刘红玉，彭福扬，吴传胜. 2012. 战略性新兴产业的形成机理与成长路径[J]. 科技进步与对策，29（11）：46-49.
刘洪昌. 2011. 中国战略性新兴产业的选择原则及培育政策取向研究[J]. 科学学与科学技术管理，32（3）：87-92.
刘继兵，王琪，马环宇. 2015. 制度环境对战略性新兴产业创新能力的影响[J]. 科技进步与对策，32（23）：54-61.
刘佳刚，汤玮. 2015. 战略性新兴产业发展演化规律及空间布局分析[J]. 中国科技论坛，（4）：57-62.
刘珂. 2010. 国土资源对产业经济发展的支撑作用研究——以土地资源为例[D]. 中国地质大学（北京）博士学位论文.
刘名远. 2012. 我国战略性新兴产业发展基础与支撑体系构建研究[J]. 科技进步与对策，29（12）：46-51.
刘平辉，郝晋珉. 2003. 土地利用分类系统的新模式——依据土地利用的产业结构而进行划分的探讨[J]. 中国土地科学，（1）：16-26.
刘勇. 2011. 河南省战略性新兴产业发展研究[D]. 河南大学硕士学位论文.
刘志迎，梁丽丽. 2008. 中国高技术制造业对经济增长贡献实证研究[J]. 工业技术经济，（5）：41-44.
刘遵义. 2002. 扩大内需须先破除地方保护[J]. 领导决策信息，（12）：27.
柳光强，田文宠. 2012. 完善促进战略性新兴产业发展的税收政策设想——从区域税收优惠到产业优惠[J]. 中央财经大学学报，（3）：1-5.
卢为民. 2008. 土地政策促进产业结构调整的路径分析[J]. 上海经济研究，（3）：43-71.
卢为民，李毅. 2015-08-27. 鼓励土地混合利用，降低创业用地成本——上海打牢科技中心建设“地”基[N]. 中国国土资源报.
卢为民，马祖琦. 2011. 土地政策与产业转型升级路径研究[J]. 浙江学刊，（6）：171-175.
路振华，张军连. 2013. 基于城市土地产业属性的面积分摊计算方法研究——以合肥市为例[J].

自然资源学报，28（3）：517-528.
吕铁，贺俊. 2013. 技术经济范式协同转变与战略性新兴产业政策重构[J]. 学术月刊，45（7）：78-89.
吕岩威，孙慧. 2013. 中国战略性新兴产业集聚度演变与空间布局构想[J]. 地域研究与开发，32（4）：15-21.
吕志奎. 2006. 政策执行中的工具选择[D]. 厦门大学硕士学位论文.
马刚. 2012. 土地政策对经济发展方式转变影响的研究[D]. 北京交通大学博士学位论文.
马立行. 2010. 现行土地政策调整及其对现代服务业发展的支持[J]. 上海经济研究，（5）：102-105.
马顺. 2012. 促进战略性新兴产业发展的财政政策研究[D]. 中国海洋大学硕士学位论文.
毛慧红，颜建华. 2004. 高技术产业发展与经济增长关联性的实证分析——对上海、北京两地案例的比较[J]. 上海综合经济，（6）：19-23.
孟付博. 2011. 促进战略性新兴产业的税收政策研究[D]. 吉林大学硕士学位论文.
孟祥舟. 2009. 土地政策及其评价研究所涉及的基本概念综述[J]. 今日国土，（5）：39-41，27.
孟媛，张凤荣，赵婷婷，等. 2011. 北京市顺义区制造业用地集约度评价及影响因素分析[J]. 中国土地科学，25（2）：11-17.
牛立超. 2011. 战略性新兴产业发展与演进研究[D]. 首都经济贸易大学博士学位论文.
欧阳峣，生延超. 2010. 战略性新兴产业研究述评[J]. 湖南社会科学，（5）：111-115.
配第 W. 2011. 赋税论（全译本）[M]. 薛东阳译. 武汉：武汉大学出版社.
乔玉婷，曾立. 2011. 战略性新兴产业的军民融合式发展模式研究[J]. 预测，30（5）：1-5.
谯薇，宋金兰，黄炉婷. 2014. 推动战略性新兴产业发展的创新政策研究——以四川省为例[J]. 经济体制改革，（3）：178-182.
仇保兴. 1999. 小企业集群研究[M]. 上海：复旦大学出版社.
萨拉蒙 L M. 2016. 政府工具：新治理指南[M]. 肖娜，等译. 北京：北京大学出版社.
申俊喜. 2012. 创新产学研合作视角下我国战略性新兴产业发展对策研究[J]. 科学学与科学技术管理，33（2）：37-43.
施玉麒. 2012. 上海科技服务业用地特点与绩效分析[J]. 现代城市研究，（11）：80-84.
石忆邵，吴婕. 2013. 京沪穗科技服务业用地绩效及影响因素分析[J]. 科技管理研究，33（1）：115-121.
史俊，田志龙，谢青. 2015. 政府如何制定战略性新兴产业政策——以物联网产业为例[J]. 中国科技论坛，（1）：11-16.
舒尔茨 T W. 2017. 对人进行投资[M]. 吴珠华译. 北京：商务印书馆.
宋河发，万劲波，任中保. 2010. 我国战略性新兴产业内涵特征、产业选择与发展政策研究[J]. 科技促进发展，（9）：7-14.
孙东升. 2014. 完善供地政策 促进新兴产业发展[J]. 中国房地产，（11）：65-66.

孙继伟，巫景飞. 2010. 经济转型中软件园开发企业的关键成功因素：基于多案例的比较研究[J]. 科技进步与对策，27（23）：89-95.
孙蕊，吴金希. 2015. 我国战略性新兴产业政策文本量化研究[J]. 科学学与科学技术管理，36（2）：3-9.
孙宇杰，陈志刚，段修亭，等. 2012. 加大土地政策支持促进新兴产业发展[J]. 现代城市研究，27（12）：60-64，69.
汤鹏主. 2015. 土地流转、中小企业与产业园区的联动机制研究[J]. 当代经济管理，37（5）：33-38.
唐五湘，饶彩霞，程桂枝. 2013. 北京市科技金融政策文本量化分析[J]. 科技进步与对策，30（18）：56-61.
陶学荣，熊节春. 2008. 现代公共行政的伦理意蕴——基于“新公共服务”范式的分析[J]. 中国行政管理，（11）：114-117.
陶耘，李铁范，张乐勤. 2014. 省域尺度高校科技创新能力综合评价及优化——基于安徽省实证[J]. 华东经济管理，28（10）：32-36.
万钢. 2010. 把握全球产业调整机遇 培育和发展战略性新兴产业[J]. 求是，（1）：28-30.
汪海粟，胡立君，石军伟，等. 2012. 我国战略性新兴产业发展研究——中国工业经济学会2011年年会学术观点综述[J]. 中国工业经济，（4）：31-36.
王斌斌. 2014. 战略性新兴产业发展的财政政策：效果测度与实证分析[J]. 东北财经大学学报，96（6）：53-58.
王程韡. 2013. 战略性新兴产业是可“选择”的吗？[J]. 科学学与科学技术管理，34（7）：131-140.
王镝，黄成明. 2010. 加快培育战略性新兴产业发展的对策研究[J]. 宏观经济管理，（8）：54-55.
王宏起，苏红岩，武建龙. 2013. 战略性新兴产业空间布局方法及其应用研究[J]. 中国科技论坛，（4）：28-34.
王欢芳，陈建设，宾厚. 2015. 促进战略性新兴产业集聚区发展的对策研究[J]. 经济纵横，（6）：27-30.
王缉慈. 2001. 创新的空间：企业集群与区域发展[M]. 北京：北京大学出版社.
王开科. 2013. 我国战略性新兴产业“阶梯式”发展路径选择——基于马克思资源配置理论视角的分析[J]. 经济学家，（6）：21-29.
王世营，孔卫峰，崔国强，等. 2015. 上海建设具有全球影响力的科技创新中心之规划土地策略研究[J]. 上海城市规划，（1）：5-9.
王小明. 2012. 地方培育发展战略性新兴产业路径与策略研究[J]. 财经问题研究，（11）：39-43.
王新新. 2011. 战略性新兴产业发展规律及发展对策分析研究[J]. 科学管理研究，29（4）：1-5.

王雪原，王宏起，高翔，等. 2014. 我国战略性新兴产业布局方法与实证研究[J]. 科技进步与对策，31（16）：55-60.
王延伟，张丽娟. 2013. 吉林省战略性新兴产业现状分析与政策建议[J]. 科技管理研究，33（7）：45-47，59.
王忠宏，石光. 2010. 发展战略性新兴产业 推进产业结构调整[J]. 中国发展观察，（1）：12-14.
韦伯 A. 2011. 工业区位论[M]. 李刚剑，陈志人，张英保译. 北京：商务印书馆.
韦福雷，胡彩梅. 2012. 中国战略性新兴产业空间布局研究[J]. 经济问题探索，（9）：112-176.
魏守华，王缉慈，赵雅沁. 2002. 产业集群：新型区域经济发展理论[J]. 经济经纬，（2）：18-21.
魏巍. 2012. 促进战略性新兴产业发展的政策体系研究[D]. 南京工业大学硕士学位论文.
温如春，钟新桥. 2012. 湖北战略性新兴产业发展战略研究[J]. 特区经济，（8）：190-193.
文骐，童舒静. 2011. 战略性新兴产业：政策演进与理论创新[J]. 重庆社会科学，（1）：46-51.
翁锦玉，李奎. 2011. 国内外战略性新兴产业促进政策分析[J]. 广东科技，（16）：10-11.
吴绍波. 2013. 战略性新兴产业创新生态系统协同创新的治理机制研究[J]. 中国科技论坛，（10）：5-9.
肖教燎. 2010. 土地政策传导机制与路径的分析与仿真——以江西省为例[D]. 南昌大学硕士学位论文.
肖曙光. 2011. 战略性新兴产业组织的劳资分配[J]. 中国工业经济，（2）：100-109.
肖兴志. 2011. 中国战略性新兴产业发展战略研究[J]. 经济研究参考，（7）：47-60.
熊勇清，李世才. 2010. 战略性新兴产业与传统产业耦合发展研究[J]. 财经问题研究，（10）：38-44.
休斯 O E. 2001. 公共管理导论[M]. 彭和平，周明德，金竹青，等译. 北京：中国人民大学出版社.
徐策，张伟超. 2004. 市场失灵的三大表现及其宏观调控对策[J]. 黑龙江社会科学，（4）：44-46.
徐康宁. 2001. 开放经济中的产业集群与竞争力[J]. 中国工业经济，（11）：22-27.
杨萍，季明川，郝晋珉. 2015. 以土地高效利用为核心的现代农业园区设计与实证分析[J]. 农业工程学报，31（9）：281-287.
杨晓姝. 2008. 土地调控中的土地税收政策分析[J]. 经济研究导刊，（7）：16-17.
杨雪锋，史晋川. 2010. 地根经济视角下土地政策反周期调节的机理分析[J]. 经济理论与经济管理，（6）：5-11.
杨英，张浩良. 2012. 广东战略性新兴产业空间布局研究——基于因子分析法和聚类分析法[J]. 中国发展，12（2）：60-66.
杨震宁，陈昊. 2012. 中国科技园区政策、资源禀赋和招商服务的地理与功能差异研究[J]. 科学学与科学技术管理，33（10）：80-88.
野口悠纪雄. 1997. 土地经济学[M]. 汪斌译. 北京：商务印书馆.
殷林森. 2012. 上海科技园区高新技术产业布局实证调查研究[J]. 科技进步与对策，29（17）：41-43.
尹锋. 2007. 土地政策的宏观调控绩效研究——基于1999—2005年中国省际面板数据的证明[D]. 复旦大学博士学位论文.
雍兰利，赵朝霞. 2015. 面向创新驱动发展战略的中国创新政策重构[J]. 科技进步与对策，32（11）：98-101.
于良. 2011. 高新区发展中的土地限制问题与政策建议[J]. 高科技与产业化，（1）：100-102.
俞文华. 2000. 剑桥大学城高技术产业发展与创新环境的形成和演变——兼析对我国高技术园区建设的启示[J]. 清华大学学报（哲学社会科学版），5（1）：67-73.
袁见. 2013. 中国太阳能光伏产业政策效应研究[D]. 辽宁大学博士学位论文.
曾立，黄朝峰，纪建强，等. 2011. 战略性新兴产业军民融合式发展研究[J]. 科技进步与对策，28（23）：65-68.
张成福，李昊城. 2011. 行政组织管理的未来挑战及其发展趋势[J]. 中国机构改革与管理，（6）：13-16.
张和平. 2010. 对于大力发展战略性新兴产业的思考与建议[J]. 经济界，（3）：55-60.
张杰. 2011. 土地政策促进产业结构调整的经济学分析[J]. 山东经济，（2）：28-33.
张洁. 2013. 河北省战略性新兴产业的科技政策研究[D]. 河北工业大学博士学位论文.
张镧. 2014. 湖北省高新技术产业政策研究（1978—2012）：政策文本分析视角[D]. 华中科技大学博士学位论文.
张乐勤，陈素平，陈保平，等. 2014. 1996~2011年安徽省产业结构演进对城镇土地集约利用影响测度与分析[J]. 地理科学，34（9）：1117-1124.
张立琴，欧阳聪权，王前文. 2015. 发达国家创新驱动发展的主要经验及启示[J]. 云南科技管理（管理与交流），（4）：26-27.
张世如. 2012. 战略性新兴产业发展与农业产业化问题研究——以武汉都市农业发展实践为例[J]. 农业经济问题，33（2）：79-84.
张旺. 2013. 产业结构优化视角下的土地利用效益研究[D]. 中国海洋大学硕士学位论文.
张孝宇，张安录，蔡银莺. 2011. 土地要素投入对二三产业经济增长的计量分析——我国35个大中城市的实证[J]. 生产力研究，（9）：154-156.
张嵎喆，王俊沣. 2011. 培育战略性新兴产业的政策述评[J]. 科学管理研究，29（2）：1-6.
张宇，刘芳，欧名豪. 2015. 基于战略性新兴产业发展要求的土地制度支撑体系[J]. 城市发展研究，22（6）：77-82.
张治栋，朱国庆. 2015. 战略性新兴产业与传统产业互动发展研究——基于产业演变的视角[J]. 科技管理研究，35（10）：144-147，154.

张忠寿，王世文. 2013. 对培育发展战略性新兴产业策略的探讨[J]. 宏观经济研究，（2）：72-75，90.
赵刚，程建润，林源园. 2010. 战略性新兴产业发展的战略问题[J]. 科技创新与生产力，（8）：1-12.
赵锡斌，邹薇，庄子银. 1995. 政府对市场的宏观调控——理论与政策[M]. 武汉：武汉大学出版社.
赵玉林，张倩男. 2006. 对经济增长有突破带动作用的高技术产业领域选择研究[J]. 科学学与科学技术管理，（10）：60-66.
赵志耘. 2014. 创新驱动发展：从需求端走向供给端[J]. 中国软科学，（8）：1-5.
郑代良. 2011. 改革开放以来中国高新技术产业政策研究——基于政策文本的分析[D]. 华中科技大学博士学位论文.
郑国. 2013. 社会资本视角下的科技园区空间规划[J]. 地域研究与开发，32（6）：63-66.
郑延敏，叶昌东. 2012. 广东省新兴产业园区的土地集约化利用比较研究——基于增城汽车产业核心区与河源高新区的调查分析[J]. 城市观察，（4）：105-111.
钟清流. 2010. 战略性新兴产业发展的动力机制[J]. 经济导刊，（9）：24-25.
钟书华. 2004. 科技园区的土地利用[J]. 中国高新区，（4）：46-48.
周长林，孟颖. 2011. 京津滨产业带战略性新兴产业发展与布局研究[J]. 城市，（1）：7-12.
周子学. 2004. 日本促进信息产业发展的政策及启示[J]. 理论前沿，（12）：37-39.
朱瑞博. 2010. 中国战略性新兴产业培育及其政策取向[J]. 改革，（3）：19-28.
朱绪荣，李靖，付海英. 2013. 现代农业示范区总体规划理论与实践[J]. 农业工程学报，29（6）：223-231.
朱艳鑫，朱艳硕，薛俊波. 2016. 地方政府产业政策的文本量化研究——以战略性新兴产业政策为例[J]. 经济问题探索，（2）：127-133.
朱英明. 2003. 产业集聚研究述评[J]. 经济评论，（3）：117-121.
朱迎春. 2011. 政府在发展战略性新兴产业中的作用[J]. 中国科技论坛，（1）：20-24.
朱有为，徐康宁. 2006. 中国高技术产业研发效率的实证研究[J]. 中国工业经济，（11）：38-45.
Aaron H J. 1975. Who Pays the Property Tax? A New View[M]. Washington：Brookings Institution.
Afonso A，Fernandes S. 2006. Measuring local government spending efficiency：evidence for the Lisbon region[J]. Regional Studies，40（1）：39-53.
Aiginger K. 2007. Industrial policy：a dying breed or a re-emerging phoenix[J]. Journal of Industry, Competition and Trade，7（3/4）：297-323.
Alcorta L，Branka U，An T L. 2008. Do manufacturing firms in China innovate?[J]. Journal of Contemporary Asia，（4）：560-590.
Alix-Garcia J，Bartlett A，Saah D. 2013. The landscape of conflict：IDPs，aid and land-use change in Darfur[J]. Journal of Economic Geography，13（4）：589-617.

Ana K S. 2017. Exploring the evolution of land tenure and land use change in Panama：linking land policy with development outcomes[J]. Land Use Policy，（61）：543-552.

Arqué-Castells P. 2013. Persistence in R&D performance and its implications for the granting of subsidies[J]. Review of Industrial Organization，43（3）：193-220.

Aslesen H W，Isaksen A. 2007. Knowledge intensive business services and urban industrial development[J]. Service Industries Journal，27（3）：321-328.

Avnimelech G，Teubal M. 2006. Creating venture capital industries that co-evolve with high tech：insights from an extended industry life cycle perspective of the Israeli experience[J]. Research Policy，35（10）：1477-1498.

Bagchi S S，Hall L，Petryshyn L. 2001. A study of university-industry linkages in the biotechnology industry：perspectives from Canada[J]. International Journal of Biotechnology，3（3）：390-410.

Bair J. 2005. Global capitalism and commodity chains：looking back，going forward[J]. Competition and Change，9（2）：153-180.

Balland P，de Vaan M，Boschma R. 2013. The dynamics of interfirm networks along the industry lifecycle：the case of the global video game industry，1987-2007[J]. Journal of Economic Geography，13（5）：741-765.

Belton V，Stewart T J. 2002. Multiple Criteria Decision Analysis：An Integrated Approach[M]. Boston：Kluwer Academic Publishers.

Bengston D，Fletcher J. 2004. Public policies for managing urban growth and protecting open space：policy instruments and lessons learned in the United States[J]. Landscape and Urban Planning，69（2/3）：271-286.

Besley T，Case A. 1995. Incumbent behavior：vote-Seeking，tax-setting，and yardstick competition[J]. American Economic Review，85（1）：25-45.

Boschma R，Martin R. 2007. Editorial：constructing an evolutionary economic geography[J]. Journal of Economic Geography，7（5）：537-548.

Braun B M，Mchone W W. 1992. Science parks as economic development policy：a case study approach[J]. Economic Development Quarterly，6（2）：135-147.

Brookfield J. 2008. Firm clustering and specialization：a study of Taiwan's machine tool industry[J]. Small Business Economics，30（4）：405-422.

Brunnermeier S B，Levinson A. 2004. Examining the evidence on environmental regulations and industry location[J]. The Journal of Environment & Development，13（1）：6-41.

Bruns D F W，Schmidt J A. 1997. City edges in Germany：quality growth and urban design[J]. Landscape and Urban Planning，（36）：347-356.

Bryant C R，Russwurm L H. 1982. The City's Countryside：Land and Its Management in the

Rural-Urban Fringe[M]. London：Longman.

Charney I. 2015. Downtown redevelopment and land-use regulation：can planning policies discipline property development?[J]. Land Use Policy，（47）：302-308.

Chen X，Onal H. 2014. An economic analysis of the future US biofuel industry，facility location，and supply chain network[J]. Transportation Science，48（4）：575-591.

Chena C J，Huang C C. 2004. A multiple criteria evaluation of high-tech industries for the science-based industrial park in Taiwan[J]. Information& Management，41（7）：839-851.

Cheng A Y N. 2009. Analysing complex policy change in Hong Kong：what role for critical discourse analysis?[J]. International Journal of Educational Management，23（4）：260-366.

Cheshirea P，Sheppard S. 2002. The welfare economics of land use planning[J]. Journal of Urban Economics，（52）：242-269.

Chiang S. 2009. Location quotient and trade[J]. The Annals of Regional Science，43（2）：399-414.

Cocklin C，Mautner N，Dibden J. 2007. Public policy，private landholders：perspectives on policy mechanisms for sustainable land management[J]. Journal of Environmental Management，（85）：986-998.

Colombo M G，Grilli L. 2006. Supporting high-tech start-ups：lessons from Italian technology policy[J]. International Entrepreneurship and Management Journal，2（2）：189-209.

Crecine J P. 1967. Urban Affairs Annual Reviews[M]. Los Angeles：Sage Publications.

Cumming D. 2007. Government policy towards entrepreneurial finance：innovation investment funds[J]. Journal of Business Venturing，22（2）：193-235.

Daniel P M，John F M. 1991. Urban land value functions with endogenous zoning[J]. Journal of Urban Ecnomics，29（1）：14-27.

Davis O A. 1963. Economic elements in zoning decisions[J]. Land Economics，39（4）：375-386.

Debolini M，Valette E，François M. 2015. Mapping land use competition in the rural-urban fringe and future perspectives on land policies：a case study of Meknès（Morocco）[J]. Land Use Policy，（47）：373-381.

Dempsey S，Griffin J. 2007. Integrated information systems：choosing the best system for your organization[J]. Accountancy Ireland，39（6）：64-67.

Devy B. 1999. Land values and planning law：the German practice[R]. XIII AISOP Congress，Bergen.

Ding L. 2001. Industrial policy and resource allocation：implications on China's participation in globalization[J]. China Economic Review，（4）：342-360.

Doloreu D，Amara N，Landry R. 2008. Mapping regional and sectoral characteristics of knowledge-intensive business services：evidence from the province of Quebec[J]. Growth and Change，39（3）：464-496.

Dransfeld E. 2001. German experiences according to the interrelations between the planning system, the different land development procedures and the formation of land values[Z]. Lincoln Institute of Land Policy Conference Paper.

Evans A. 1999. The land market and government intervention[J]. Handbook of Regional and Urban Economics, （6）: 1637-1669.

Fan C C, Scott A J. 2003. Industrial agglomeration and development: a survey of spatial economic issues in East Asia and a statistical analysis of Chinese regions[J]. Economic Geography, 79（3）: 295-319.

Feiock R C, Tavares A F, Mark L. 2008. Policy instrument choices for growth management and land use regulation[J]. Policy Studies Journal, 36（3）: 461-480.

Feller I. 2013. Performance measures as forms of evidence for science and technology policy decisions[J]. The Journal of Technology Transfer, 38（5）: 565-576.

Fellman D. 1955. Book reviews: politics in America[J]. Political Research Quarterly, 8（3）: 515-516.

Firman T. 2004. Major issues in Indonesia's urban land development[J]. Land Use Policy, （4）: 347-355.

Forbes D P, Kirsch D A. 2010. The study of emerging industries: recognizing and responding to some central problems[J]. Journal of Business Venturing, （5）: 589-602.

Forman C, Goldfarb A, Greenstein S. 2012. The Internet and local wages: a puzzle[J]. American Economic Review, 102（1）: 556-575.

Freal M. 2006. Patterns of technological innovation in knowl-edge-intensive business services[J]. Industry and Innovation, 13（3）: 335-358.

Fritsch M. 2000. Interregional differences in R&D activities—an empirical investigation[J]. European Planning Studies, 8（4）: 409-427.

Fuchs E, Randolph K. 2010. Design for location? The impact of manufacturing offshore on technology competitiveness in the optoelectronics industry[J]. Management Science, 56（12）: 2323-2349.

Fujita M, Krugman P. 2004. The new economic geography: past, present and the future[J]. Papers in Regional Science, 83（1）: 139-164.

Fukugawa N. 2006a. Determining factors in innovation of small firm networks: a case of cross industry groups in Japan[J]. Small Business Economics, 27（2/3）: 181-193.

Fukugawa N. 2006b. Science parks in Japan and their value-added contributions to new technology-based firms[J]. International Journal of Industrial Organization, 24（2）: 381-400.

Gale T. 2003. Realising policy: the who and how of policy production[J]. Discourse: Studies in the Cultural Politics of Education, 24（1）: 51-65.

Gengaje R, Sterry E. 1992. A model for developing agro-enterprises among farm women in Asia[J].

Journal of Rural Development，11（5）：545-571.

Haakonsson S J，Jensen P D Q，Mudambi S M. 2013. A co-evolutionary perspective on the drivers of international sourcing of pharmaceutical R&D to India[J]. Journal of Econometrics，13（4）：677-700.

Hafiz A P. 1992. Maximum lot size zoning in developing countries[J]. Urban Studies，29（7）：1173-1181.

Hagedoorn J，Duysters G. 2002. The effect of mergers and acquisitions on the technological performance of companies in a high-tech environment[J]. Technology Analysis&Strategic Management，14（1）：67-85.

Hans L，Heshmati A. 2002. Knowledge capital and performance heterogeneity：a firm-level innovation study[J]. International Journal of Production Economics，76（1）：61-85.

Hart J A. 2004. Can industrial policy be good policy?[J]. Contributions to Economic Analysis，（4）：43-58.

Heinemann T. 2013. Economic geographies of globalisation：a short introduction[J]. Journal of Economic Geography，13（4）：701-703.

Hemmert M. 2004. The influence of institutional factors on the technology acquisition performance of high-tech firms：survey results from Germany and Japan[J]. Research Policy，33（6）：1019-1039.

Higgins M J，Stephan P E，Thursby J G. 2011. Conveying quality and value in emerging industries：star scientists and the role of signals in biotechnology[J]. Research Policy，40（4）：605-617.

Ho Y C，Tsai C T. 2011. Front end of innovation of high technology industries：the moderating effect of front-end fuzziness[J]. Journal of High Technology Management Research，22（1）：47-58.

Hood C. 1983. The Tools of Government[M]. London：Macmillan Press.

Howells J，Bessant J. 2012. Introduction：innovation and economic geography：a review and analysis[J]. Journal of Economic Geography，12（5）：929-942.

Hung S C，Chu Y Y. 2006. Stimulating new industries from emerging technologies：challenges for the public sector[J]. Technovation，（26）：104-110.

Igal C. 2015. Downtown redevelopment and land-use regulation：can planning policies discipline property development? [J]. Land Use Policy，（47）：302-308.

Ingram H，Schneider A. 1988. Systematically pinching ideas：a comparative approach to policy design[J]. Journal of Public Policy，8（1）：61-80.

James P L，Joseph S J. 2007. Public Policy：An Evolutionary Approach[M]. Beijing：China Renmin University Press.

Jang S，Yu Y，Wang T. 2011. Emerging firms in an emerging field：an analysis of patent citations in electronic-paper display technology[J]. Scientometrics，89（1）：259-272.

Jarchow S P. 1984. The king of syndications[J]. Real Estate Review，13（4）：26-30.

Jiang W，Kobayashi S C. 2002. Impacts of government high-tech policy：a case study of CAD technology in China[J]. Journal of Engineering and Technology Management，19（3/4）：321-342.

Kadokawa K. 2013. A search for an industrial cluster in Japanese manufacturing sector：evidence froma location survey[J]. GeoJournal，78（1）：85-101.

Kala S S. 2010. Impact of land use regulations：evidence from India's cities[J]. Urban Studies，47（7）：1541-1569.

Kettunen E. 2014. China's policy environment toward foreign companies：implications to high-tech sectors[J]. AI & Society，29（3）：403-413.

Kim K，Park D. 2012. Impacts of urban economic factors on private tutoring industry[J]. Asia Pacific Education Review，13（2）：273-280.

Klein A，Crafts N. 2010. Making sense of the manufacturing belt：determinants of U.S. industrial location，1880-1920[J]. Journal of Economic Geography，12（4）：775-807.

Koh F C，Winston T K，Feichin T T. 2003. An analytical framework for science parks and technology districts with an application to Singapore[J]. Journal of Business Venturing，20（2）：217-239.

Kosfeld R，Eckey H，Lauridsen J O R. 2011. Spatial point pattern analysis and industry concentration[J]. The Annals of Regional Science，47（2）：311-328.

Landry S. 2010. The impact of land development regulation on residential tree cover：an empirical evolution using high-resolution IKONOS imagery[J]. Landscape and Urban Planning，34（2）：94-104.

Lang G. 2009. Measuring the returns of R&D—an empirical study of the German manufacturing sector over 45 years[J]. Research Policy，（9）：1438-1445.

Lascoumes P，Gales P L. 2007. Understanding public policy through its instruments：from the nature of instruments to the sociology of public policy instrumentation[J]. Governance，20（1）：1-21.

Lee L T S. 2010. On efficiency of integrative strategies among companies in US high-tech industry[J]. International Journal of Management and Enterprise Development，9（3）：311-323.

Lewis R. 2009. Industrial districts and manufacturing linkages：Chicago's printing industry，1880-1950[J]. The Economic History Review，62（2）：366-387.

Li X. 2011. Financing high-tech SMEs in China：a three-stage model of business development[J]. Entrepreneurship & Regional Development，（3/4）：217-234.

Lindelöf P，Löfsten H. 2003. Science park location and new technology-based firms in Sweden—implications for strategy and performance[J]. Small Business Economics，20（3）：245-258.

Liu Y S，Fang F，Li Y H. 2014. Key issues of land use in China and implications for policy making[J]. Land Use Policy，（40）：6-12.

Lloyd M G，Peel D. 2007. Shaping and designing model policies for land use planning[J]. Land Use Policy，（24）：154-164.

Macedo M L. 2008. Water quality variability and entrophic trends in karstic tropical coastal lagoons of the Yucatán Peninsula[J]. Estuarine Coastal and Shelf Science，76（2）：418-430.

Magel H. 1983. Land Policy and Land Management in Germany[M]. Melbourne：Lecture in Melbourne.

Malecki E J. 1987. Location decision creative region—a survey[J]. Technovation，6（6）：205-222.

Mian S A. 1994. US university-sponsored technology incubators：an overview of management，policies and performance[J]. Technovation，14（8）：515-528.

Muller E，Andrea Z. 2001. Business services as actors of knowledge transformation：the role of KIBS in regional and national innovation systems[J]. Research Policy，30（9）：1501-1516.

Neary J P. 2002. Pitfalls in the theory of international trade policy：concertina reforms of tariffs，and subsidies to high-technology industries[J]. Scandinavian Journal of Economics，（1）：187-206.

Needham B. 2007. Dutch Land Use Planning [M]. The Hague：Sdu Uitgevers.

Nolan P，Rui H C. 2004. Industrial policy and global big business revolution：the case of the Chinese coal industry[J]. Journal of Chinese Economic and Business Studies，（2）：97-113.

Orhun A Y. 2013. Spatial differentiation in the supermarket industry：the role of common information[J]. Quantitative Marketing and Economics，11（1）：3-37.

Perez C. 2009. The double bubble at turn of the century：technological roots and structural implications[J]. Cambridge Journal of Economics，33（4）：779-805.

Perez C. 2010. Technological revolutions and techno-economicparadigms[J]. Cambridge Journal of Economics，34（1）：1-26.

Peterson R E. 1974. Institutional goals and curriculum planning[J]. Findings，（2）：5-8.

Pihlajamaa M，Patana A，Polvinen K，et al. 2013. Requirements for innovation policy in emerging high-tech industries[J]. European Journal of Futures Research，1（1）：1-14.

Razin E. 1998. Policies to control urban sprawl：planning regulations or changes in the “rules of the game”?[J]. Urban Studies，（35）：312-340.

Repetti A，Desthieux G. 2006. Relational indicator set model for urban land-use planning and management：methodological approach and application in two case studies[J]. Landscape and Urban Planning，77（1/2）：196-215.

Rolleston B S. 1987. Determinants of restrictive suburban zoning：an empirical analysis[J]. Journal of Urban Ecnomics，21（1）：1-21.

Shah R，Ward P T. 2007. Defining and developing measures of lean production[J]. Journal of Operations Management，25（4）：785-805.

Skouras A. 1978. The non-neutrality of land taxation[J]. Public Finance，33（1/2）：113-134.

Stull W J. 1975. Community environment，zoning and the market value of single-family homes[J]. The Journal of Law and Economics，18（2）：112-132.

Sturgeon T J. 2002. Modular production networks：a new American model of industrial organization[J]. Industrial and Corporate Change，11（3）：451-496.

Talluri S. 2000. Data envelopment analysis：model sand extensions[J]. Decision Line，（5）：8-11.

Tether B S，Hipp C. 2002. Knowledge intensive，technical and other services：patterns of competitiveness and innovation compared[J]. Technology Analysis and Strategic Management，14（2）：163-182.

Tether B S，Li Q C，Mina A. 2012. Knowledge-bases，places，spatial configurations and the performance of knowledge-intensive professional service firms[J]. Journal of Economic Geography，12（5）：969-1001.

Valk A V D. 2002. The Dutch planning experience[J]. Landscape and Urban Planning，（58）：201-210.

van der Vlist M J. 2006. Land use planning in the Netherlands：finding a balance between rural development and protection of the environment[J]. Landscape and Urban Planning，（41）：135-144.

Vink B，Burg V D A. 2006. New Dutch special planning policy creates space for development[J]. The Planning Review，（164）：41-49.

Wallace N E. 1988. The market effects of zoning undeveloped land：does zoning follow the market? [J]. Journal of Urban Economics，23（3）：307-312.

Wang H Y. 2002. A study of transportation planning model for developing area[C]. Hong Kong Polytechnic（People's Republic of China）.

Wong C Y. 2011. Rent-seeking，industrial policies and national innovation systems in Southeast Asian economies[J]. Technology in Society，（3）：231-243.

Wu Y，Zhang X，Shen L. 2011. The impact of urbanization policy on land use change：a scenario analysis [J]. Cities，（2）：147-159.

Ye H，Zhong S. 2012. Business accelerator network：a powerful generator of strategic emerging industries[J]. OIDA International Journal of Sustainable Development，4（6）：11-23.

Yukio N. 1982. On the neutrality of the property tax[J]. Land Economics，58（3）：383-390.

Zhang J F. 2003. Growing Silicon Valley on a landscape：an agent-based approach to high-tech industrial clusters[J]. Journal of Evolutionary Economics，13（5）：529-548.

Zheng D，Kuroda T. 2013. The impact of economic policy on industrial specialization and regional concentration of China's high-tech industries[J]. The Annals of Regional Science，50（3）：771-790.

Zook M A. 2002. Grounded capital：venture financing and the geography of the internet industry，1994-2000[J]. Journal of Economic Geography，2（2）：151-177.

Zourek H. 2007. The European commission's new industrial policy in an integrating and globalizing world[J]. Journal of Industry，Competition and Trade，7（3/4）：285-295.

附　　录

湖北省战略性新兴产业相关土地政策文本

序号	文件名称	时间
1	《国务院关于严格贯彻执行〈国家建设征用土地条例〉的通知》	1983 年 1 月 21 日
2	《中华人民共和国中外合资经营企业法实施条例》	1983 年 9 月 20 日
3	《国务院关于制止买卖、租赁土地的通知》	1983 年 11 月 19 日
4	《集镇实行统一开发、综合建设的几点意见》	1985 年 10 月 5 日
5	《中共中央　国务院关于加强土地管理　制止乱占耕地的通知》	1986 年 3 月 21 日
6	《中华人民共和国土地管理法》	1986 年 6 月 25 日
7	《国家土地管理局监督检察司关于开展土地监察试点工作的通知》	1987 年 7 月 31 日
8	《国家土地管理局关于开展土地监察试点工作的通知》	1987 年 11 月 20 日
9	《国家土地管理局、国家监察部关于严肃查处行政领导干部严重违反〈土地管理法〉行为的通知》	1988 年 1 月 24 日
10	《城镇国有土地使用权申报工作的若干规定》	1988 年 5 月 18 日
11	《中华人民共和国城镇土地使用税暂行条例》	1988 年 9 月 27 日
12	《财政部关于国营企业缴纳土地使用税有关财务处理问题的通知》	1988 年 10 月 18 日
13	《财政部、国家税务总局关于城镇土地使用税若干具体问题的解释和暂行规定》	1988 年 10 月 24 日
14	《国家税务局关于抓紧组织土地使用税征收工作的通知》	1989 年 4 月 15 日
15	《国务院关于加强国有土地使用权有偿出让收入管理的通知》	1989 年 5 月 12 日
16	《国家土地管理局关于确定土地权属问题的若干意见》	1989 年 7 月 5 日
17	《国务院关于出让国有土地使用权批准权限的通知》	1989 年 7 月 22 日
18	《中华人民共和国城镇国有土地使用权出让和转让暂行条例》	1990 年 5 月 19 日
19	《国家土地管理局关于切实做好国有土地使用权出让和转让试点工作的通知》	1990 年 11 月 19 日
20	《财政部关于国有土地使用权有偿出让收入上交中央部分继续返还地方的通知》	1991 年 11 月 8 日
21	《划拨土地使用权管理暂行办法》	1992 年 3 月 8 日

续表

序号	文件名称	时间
22	《财政部关于进一步加强国有土地使用权有偿出让收入管理工作的通知》	1992 年 3 月 11 日
23	《国家土地管理局关于严格依法审批土地的紧急通知》	1992 年 7 月 31 日
24	《城市国有土地使用权出让转让规划管理办法》	1992 年 12 月 4 日
25	《国务院关于严格审批和认真清理各类开发区的通知》	1993 年 4 月 28 日
26	《中华人民共和国土地增值税暂行条例》	1993 年 12 月 13 日
27	《土地监察暂行规定》	1995 年 6 月 12 日
28	《国家土地管理局关于土地使用权抵押登记有关问题的通知》	1997 年 1 月 3 日
29	《国有企业改革中划拨土地使用权管理暂行规定》	1998 年 2 月 17 日
30	《国家土地管理局关于强化土地执法监督工作若干问题的决定》	1998 年 2 月 25 日
31	《国土资源部关于加强土地利用总体规划工作的通知》	1998 年 9 月 29 日
32	《各类用地报批会审办法》	1998 年 9 月 29 日
33	《省级土地利用总体规划审查办法》	1998 年 12 月 19 日
34	《中华人民共和国土地管理法实施条例》（1998 年）	1998 年 12 月 27 日
35	《国土资源部关于进一步推行招标拍卖出让国有土地使用权的通知》	1999 年 1 月 27 日
36	《土地利用年度计划管理办法》	1999 年 2 月 24 日
37	《建设用地审查报批管理办法》	1999 年 3 月 2 日
38	《国务院办公厅关于印发全国土地利用总体规划纲要的通知》	1999 年 4 月 2 日
39	《闲置土地处置办法》	1999 年 4 月 26 日
40	《国务院办公厅关于加强土地转让管理严禁炒卖土地的通知》	1999 年 5 月 6 日
41	《规范国有土地租赁若干意见》	1999 年 7 月 27 日
42	《国土资源部关于加强土地资产管理促进国有企业改革和发展的若干意见》	1999 年 11 月 25 日
43	《国土资源部关于建立土地有形市场促进土地使用权规范交易的通知》	2000 年 1 月 6 日
44	《中国中央 国务院关于促进小城镇健康发展的若干意见》	2000 年 6 月 13 日
45	《国土资源部关于简化和规范用地审批程序的通知》	2000 年 8 月 2 日
46	《国家投资土地开发整理项目管理暂行办法》	2000 年 11 月 7 日
47	《关于改革土地估价结果确认和土地资产处置审批办法的通知》	2001 年 2 月 13 日
48	《国务院关于加强国有土地资产管理的通知》	2001 年 4 月 30 日
49	《中华人民共和国中外合资经营企业法实施条例》（2001 年修订）	2001 年 7 月 22 日
50	《建设项目用地预审管理办法》	2001 年 7 月 25 日
51	《国土资源部关于印发试行〈土地分类〉的通知》	2001 年 8 月 21 日
52	《国土资源部关于印发〈国土资源违法案件会审制度〉等三项制度的通知》	2001 年 11 月 23 日
53	《国土资源部关于土地开发整理项目及资金管理工作廉政建设规定》	2001 年 12 月 13 日

续表

序号	文件名称	时间
54	《湖北省国土资源监督检查条例》	2002 年 1 月 18 日
55	《土地资产管理“十五”计划纲要》	2002 年 4 月 2 日
56	《国土资源部关于印发〈土地开发整理规划管理若干意见〉的通知》	2002 年 4 月 23 日
57	《招标拍卖挂牌出让国有土地使用权规定》	2002 年 5 月 9 日
58	《国土资源部 监察部关于严格实行经营性土地使用权招标拍卖挂牌出让的通知》	2002 年 8 月 26 日
59	《国土资源部 监察部关于进行国有土地使用权招标拍卖挂牌出让工作检查的通知》	2002 年 9 月 24 日
60	《国土资源部关于清理各类园区用地 加强土地供应调控的紧急通知》	2003 年 2 月 18 日
61	《关于印发〈进一步治理整顿土地市场秩序工作方案〉的通知》	2003 年 2 月 21 日
62	《国土资源部关于印发〈全国土地开发整理规划〉的通知》	2003 年 3 月 7 日
63	《国土资源部关于印发〈省级土地开发整理规划审批暂行办法〉的通知》	2003 年 4 月 10 日
64	《国家投资土地开发整理项目实施管理暂行办法》	2003 年 4 月 16 日
65	《协议出让国有土地使用权规定》	2003 年 6 月 11 日
66	《财政部 国家税务总局关于房产税、城镇土地使用税有关政策规定的通知》	2003 年 7 月 15 日
67	《国务院办公厅关于清理整顿各类开发区加强建设用地管理的通知》	2003 年 7 月 30 日
68	《国土资源部关于加强土地利用更新调查工作有关事项的通知》	2003 年 8 月 4 日
69	《土地开发整理若干意见》	2003 年 10 月 8 日
70	《关于进一步治理整顿土地市场秩序中自查自纠若干问题的处理意见》	2003 年 10 月 13 日
71	《国务院关于加大工作力度进一步治理整顿土地市场秩序的紧急通知》	2003 年 11 月 3 日
72	《关于继续开展经营性土地使用权招标拍卖挂牌出让情况执法监察工作的通知》	2004 年 3 月 31 日
73	《市人民政府办公厅转发市国土资源局关于处理违法用地若干意见的通知》	2004 年 4 月 2 日
74	《国务院办公厅关于深入开展土地市场治理整顿严格土地管理的紧急通知》	2004 年 4 月 29 日
75	《国家税务总局关于城镇土地使用税部分行政审批项目取消后加强后续管理工作的通知》	2004 年 8 月 2 日
76	《国家税务总局关于进一步加强城镇土地使用税和土地增值税征收管理工作的通知》	2004 年 8 月 5 日
77	《国务院关于深化改革严格土地管理的决定》	2004 年 10 月 21 日
78	《财政部 国家税务总局关于调整城镇土地使用税有关减免税政策的通知》	2004 年 10 月 25 日
79	《土地利用年度计划管理办法》（2004 年修订）	2004 年 11 月 1 日
80	《建设项目用地预审管理办法》（2004 年修订）	2004 年 11 月 1 日
81	《财政部 国土资源部 中国人民银行关于进一步加强新增建设用地土地有偿使用费征收使用管理的通知》	2004 年 12 月 6 日
82	《国土资源部关于加强和改进土地开发整理工作的通知》	2005 年 2 月 7 日
83	《最高人民法院关于审理涉及国有土地使用权合同纠纷案件适用法律问题的解释》	2005 年 6 月 18 日

续表

序号	文件名称	时间
84	《监察部 国土资源部关于监察机关和国土资源部门在查处土地违法违纪案件中加强协作配合的通知》	2005 年 8 月 23 日
85	《查处土地违法行为立案标准》	2005 年 8 月 31 日
86	《国土资源部关于印发〈关于规范城镇建设用地增加与农村建设用地减少相挂钩试点工作的意见〉的通知》	2005 年 10 月 11 日
87	《国土资源部关于进一步加强国土资源执法监察工作的通知》	2005 年 10 月 26 日
88	《财政部 国家税务总局关于集体土地城镇土地使用税有关政策的通知》	2006 年 4 月 30 日
89	《财政部关于调整新增建设用地土地有偿使用费收缴业务费来源渠道的通知》	2006 年 5 月 25 日
90	《协议出让国有土地使用权规范（试行）》	2006 年 5 月 31 日
91	《招标拍卖挂牌出让国有土地使用权规范（试行）》	2006 年 5 月 31 日
92	《国务院关于加强土地调控有关问题的通知》	2006 年 8 月 31 日
93	《财政部 国土资源部 中国人民银行关于调整新增建设用地土地有偿使用费政策等问题的通知》	2006 年 11 月 7 日
94	《国务院办公厅关于规范国有土地使用权出让收支管理的通知》	2006 年 12 月 17 日
95	《土地利用年度计划管理办法》（2006 年修订）	2006 年 12 月 19 日
96	《国家税务总局关于房产税、城镇土地使用税有关政策的通知》	2006 年 12 月 25 日
97	《中华人民共和国城镇土地使用税暂行条例》（2006 年修订）	2006 年 12 月 31 日
98	《国土资源部 监察部关于落实工业用地招标拍卖挂牌出让制度有关问题的通知》	2007 年 4 月 4 日
99	《财政部关于核定 2006 年地方新增建设用地土地有偿使用费收缴业务费数额的通知》	2007 年 6 月 17 日
100	《关于进一步规范城乡建设用地增减挂钩试点工作的通知》	2007 年 7 月 13 日
101	《关于进一步开展查处土地违法违规案件专项行动实施方案的通知》	2007 年 8 月 24 日
102	《鄂州市人民政府办公室转发市国土资源局、市财政局关于鄂州市国有土地使用权出让收支管理办法报告的通知》	2007 年 9 月 12 日
103	《荆门市人民政府办公室关于整体划转市土地储备供应中心等单位资产有关问题的通知》	2007 年 9 月 17 日
104	《招标拍卖挂牌出让国有建设用地使用权规定》（2007 年修订）	2007 年 9 月 28 日
105	《湖北省人民政府关于促进产业集群发展的意见》	2007 年 11 月 7 日
106	《国务院办公厅关于加强和规范新开工项目管理的通知》	2007 年 11 月 17 日
107	《土地储备管理办法》	2007 年 11 月 19 日
108	《财政部 国土资源部关于印发中央分成新增建设用地土地有偿使用费使用指南（暂行）的通知》	2007 年 12 月 10 日
109	《武汉市人民政府关于促进武汉经济技术开发区发展的若干意见》	2007 年 12 月 18 日
110	《国务院办公厅关于严格执行有关农村集体建设用地法律和政策的通知》	2007 年 12 月 30 日
111	《国务院关于促进节约集约用地的通知》	2008 年 1 月 3 日
112	《财政部 国土资源部关于印发〈中央分成新增建设用地土地有偿使用费稽查暂行办法〉的通知》	2008 年 3 月 7 日

续表

序号	文件名称	时间
113	《违反土地管理规定行为处分办法》	2008 年 5 月 9 日
114	《湖北省国土资源厅关于印发〈关于促进全省节约集约用地的若干意见〉的通知》	2008 年 6 月 16 日
115	《城乡建设用地增减挂钩试点管理办法》	2008 年 6 月 27 日
116	《国土资源部关于进一步做好闲置土地处置工作的意见》	2008 年 9 月 3 日
117	《十堰市人民政府办公室关于转发十堰市开发区土地集约利用评价工作方案的通知》	2008 年 10 月 6 日
118	《武汉城市圈资源节约型和环境友好型社会建设综合配套改革试验总体方案》	2008 年 10 月 18 日
119	《财政部 国家税务总局关于企业改制过程中以国家作价出资（入股）方式转移国有土地使用权有关契税问题的通知》	2008 年 10 月 22 日
120	《建设项目用地预审管理办法》（2008 年修正）	2008 年 11 月 29 日
121	《国土资源部关于调整部分地区土地等别的通知》	2008 年 12 月 31 日
122	《国土资源部关于改进报国务院批准单独选址建设项目用地审查报批工作的通知》	2009 年 1 月 24 日
123	《土地利用总体规划编制审查办法》	2009 年 2 月 4 日
124	《湖北省国土资源厅关于印发〈湖北省土地开发整理项目工程价款结算管理暂行办法〉的通知》	2009 年 4 月 2 日
125	《湖北省国土资源厅关于加强临时用地管理的通知》	2009 年 4 月 7 日
126	《财政部 国土资源部关于调整部分地区新增建设用地土地有偿使用费征收等别的通知》	2009 年 4 月 22 日
127	《国土资源部关于调整工业用地出让最低价标准实施政策的通知》	2009 年 5 月 11 日
128	《土地调查条例实施办法》	2009 年 6 月 17 日
129	《十堰市人民政府关于加强十堰城区工业项目建设用地管理工作的通知》	2009 年 6 月 25 日
130	《国家土地总督察办公室关于印发〈土地例行督察工作规范（试行）〉的通知》	2009 年 7 月 9 日
131	《十堰市人民政府关于加强土地管理促进节约集约用地的通知》	2009 年 7 月 18 日
132	《财政部 国土资源部关于新增建设用地土地有偿使用费征收等别执行政策问题的通知》	2009 年 7 月 31 日
133	《国土资源部 监察部关于进一步落实工业用地出让制度的通知》	2009 年 8 月 10 日
134	《国土资源部关于严格建设用地管理促进批而未用土地利用的通知》	2009 年 8 月 11 日
135	《国务院批转发展改革委等部门关于抑制部分行业产能过剩和重复建设引导产业健康发展若干意见的通知》	2009 年 9 月 26 日
136	《武汉城市圈资源节约型和环境友好型社会建设综合配套改革试验促进条例》	2009 年 10 月 1 日
137	《宜昌市人民政府关于建立土地管理问责制的通知》	2009 年 11 月 2 日
138	《国土资源部关于印发〈限制用地项目目录（2006 年本增补本）〉和〈禁止用地项目目录（2006 年本增补本）〉的通知》	2009 年 11 月 10 日
139	《国土资源部关于改进报国务院批准城市建设用地申报与实施工作的通知》	2010 年 1 月 14 日
140	《湖北省国土资源行政处罚自由裁量权适用规范（试行）》	2010 年 4 月 1 日

续表

序号	文件名称	时间
141	《关于进一步加强和改进国家和省级重点项目建设用地服务和监管的通知》	2010 年 6 月 9 日
142	《湖北省土地管理实施办法》（第 3 次修订）	2010 年 7 月 30 日
143	《湖北省国土资源监督检查条例》（第 2 次修订）	2010 年 7 月 30 日
144	《国土资源部 住房和城乡建设部关于进一步加强房地产用地和建设管理调控的通知》	2010 年 9 月 21 日
145	《襄樊市人民政府关于建立国土资源管理共同责任机制的通知》	2010 年 10 月 21 日
146	《关于进一步加强土地执法监管工作的通知》	2010 年 11 月 29 日
147	《建设用地审查报批管理办法》（2010 年修正）	2010 年 11 月 30 日
148	《中华人民共和国中外合资经营企业法实施条例》（2011 年修订）	2011 年 1 月 8 日
149	《中华人民共和国土地管理法实施条例》（2011 年修订）	2011 年 1 月 8 日
150	《国土资源部办公厅关于印发〈国土资源领域违法违规案件公开通报和挂牌督办办法〉的通知》	2011 年 1 月 14 日
151	《国土资源部办公厅关于印发土地利用总体规划数据质量检查细则的通知》	2011 年 3 月 17 日
152	《国土资源部关于坚持和完善土地招标拍卖挂牌出让制度的意见》	2011 年 5 月 11 日
153	《湖北省土地整治管理办法》	2011 年 7 月 29 日
154	《宜昌市城区土地储备管理实施办法》	2011 年 8 月 24 日
155	《财政部 中国人民银行 国土资源部关于新增建设用地土地有偿使用费缴纳凭证有关问题的通知》	2011 年 10 月 17 日
156	《国土资源部办公厅关于加强城乡建设用地增减挂钩试点在线监管工作的通知》	2011 年 10 月 27 日
157	《荆州市人民政府关于进一步加强土地管理工作的通知》	2011 年 11 月 3 日
158	《国土资源部关于进一步推进依法行政实现国土资源管理法治化的意见》	2011 年 11 月 18 日
159	《中华人民共和国招标投标法实施条例》	2011 年 11 月 30 日
160	《国土资源部关于严格规范城乡建设用地增减挂钩试点工作的通知》	2011 年 12 月 26 日
161	《荆门市人民政府关于加强土地节约集约利用管理的通知》	2012 年 3 月 15 日
162	《国土资源部关于大力推进节约集约用地制度建设的意见》	2012 年 3 月 16 日
163	《财政部 国土资源部关于印发〈新增建设用地土地有偿使用费资金使用管理办法〉的通知》	2012 年 4 月 12 日
164	《国土资源部 国家发展和改革委员会关于发布实施〈限制用地项目目录（2012 年本）〉和〈禁止用地项目目录（2012 年本）〉的通知》	2012 年 5 月 23 日
165	《闲置土地处置办法》（2012 年修订）	2012 年 6 月 1 日
166	《襄阳市人民政府关于印发〈关于提高用地标准加强土地节约集约管理的意见〉的通知》	2012 年 8 月 4 日
167	《国土资源部关于严格执行土地使用标准大力促进节约集约用地的通知》	2012 年 9 月 6 日
168	《湖北省优化经济发展环境条例》	2012 年 9 月 29 日
169	《国土资源部 财政部 中国人民银行 中国银行业监督管理委员会关于加强土地储备与融资管理的通知》	2012 年 11 月 5 日

续表

序号	文件名称	时间
170	《国务院关于土地管理和矿产资源开发利用及保护工作情况的报告》	2012年12月25日
171	《市人民政府办公室关于进一步加强闲置和低效土地处置工作的通知》	2013年3月1日
172	《武汉市地下空间开发利用管理暂行规定》	2013年5月8日
173	《关于开展工业企业场地再开发土地供应工作情况书面调研的通知》	2013年5月21日
174	《国家税务总局 国土资源部关于深化部门配合联合开展以地控税 以税节地试点工作的通知》	2013年5月27日
175	《市人民政府办公室关于调整荆门市城区土地综合定级级别的通知》	2013年5月31日
176	《关于建立土地利用动态巡查制度加强建设用地供后开发利用全程监管的通知》	2013年6月6日
177	《十堰市城区工业用地改变用途管理暂行办法》	2013年8月7日
178	《关于宜昌高新区土地管理体制及工作规程意见的通知》	2013年10月13日
179	《市人民政府关于进一步加强土地执法监管工作的通知》	2013年10月25日
180	《中华人民共和国城镇土地使用税暂行条例》（2013年修订）	2013年12月7日
181	《中华人民共和国中外合资经营企业法实施条例》（2014年修订）	2014年2月19日
182	《荆州市人民政府办公室关于更新荆州市中心城区土地级别与基准地价的通知》	2014年3月6日
183	《湖北省国土资源厅关于下放土地整治项目三项审批权有关事项的通知》	2014年4月8日
184	《湖北省人民政府关于实行最严格节约集约用地制度的通知》	2014年4月24日
185	《国土资源行政处罚办法》	2014年5月7日
186	《荆门市人民政府关于加强新增建设用地计划使用管理工作的通知》	2014年5月20日
187	《节约集约利用土地规定》	2014年5月22日
188	《中华人民共和国土地管理法实施条例》（2014年修正）	2014年7月29日
189	《国土资源部关于推进土地节约集约利用的指导意见》	2014年9月12日
190	《十堰市人民政府关于公布实施十堰城区土地级别与基准地价标准的通知》	2014年12月8日
191	《湖北省土地闲置费征收管理暂行办法》	2015年2月26日
192	《湖北省公共资源招标投标监督管理条例》	2015年5月28日
193	《国土资源部 发展改革委 科技部 工业和信息化部 住房城乡建设部 商务部关于支持新产业新业态发展促进大众创业万众创新用地的意见》	2015年9月18日
194	《市人民政府关于实施武汉市城镇土地级别与基准地价标准（2014）的通知》	2015年9月29日
195	《国家土地督查条例（草案送审稿）》	2015年11月19日
196	《湖北省土地使用权招标拍卖挂牌出让进入公共资源交易市场实施办法（试行）》	2015年12月29日